LESEPARADIESE

INHALT

1 Als es mit dem Lesen anfing oder: magische Orte der Kindheit 7

2 Die Buchhändlerin, der Buchhändler – die ungewöhnlichen Wesen 27

3 Wie sieht die ideale Buchhandlung aus? 52

4 Eine Reise von Porto nach Maastricht über Wien bis Brüssel 79

5 Platz ist in der kleinsten Hütte 107

6 Die Unverwüstlichkeit der (Wasserglas-)Lesungen. 120

7 Macht Lesen glücklich? 134

8 Die Buchhandlung – ein »geistiger Raum«? 144

Literaturhinweise. 158

I

ALS ES MIT DEM LESEN ANFING ODER: MAGISCHE ORTE DER KINDHEIT

Da ist ein Dunkel. Da will und will sich keine Gewissheit einstellen, so sehr ich meine Erinnerungen befrage. Was waren meine allerersten Bücher? Welche hat mir meine Mutter vorgelesen? Wann begann ich selbst, nach Werken Ausschau zu halten, die meine Neugier stillen und mich dorthin entführen sollten, wo ich nicht war? Manche Cover und Illustrationen sind es, die plötzlich auftauchen, wenn ich mein Büchergedächtnis reaktiviere. Das *Deutsche Märchenbuch* Ludwig Bechsteins zum Beispiel mit den düsteren Zeichnungen Ludwig Richters, die Beklommenheit, ja Angst hervorriefen, zumal Bechsteins Sammlung nicht nur ermutigende Texte wie *Vom tapfern Schneiderlein* und *Hans im Glück* enthielt, sondern auch Unheilvolles wie *Der Gevatter Tod* und *Der Richter und der Teufel.* Und *Hänsel und Gretel* natürlich, diese – je häufiger man sie liest – immer grauenvoller klingende Geschichte, in der Kinder gemästet und alte Frauen in einen glutheißen Ofen gestoßen werden. Dass das Märchen ein gutes Ende nimmt und die ausgesetzten Kinder von ihren Eltern zu guter Letzt wieder in die Arme geschlossen werden, zählte da nicht allzu viel.

Die Vorstellung, in einem Ofen jämmerlich zu verbrennen, beschäftigte mich nächtelang, und es leuchtet mir bis heute nicht ein, dass solche martialische Pädagogik, solche Abschreckungsprosa für einen Sechs- oder Siebenjährigen wirklich bekömmlich sein soll. Immerhin: Bechsteins *Märchenbuch* nehme ich bis heute ehrfürchtig in die Hand, und Richters Holzschnitte flößen mir zwar keine Angst mehr ein, wecken aber immer noch wenig Sympathien. Würde mir die Ausgabe auf einem E-Reader präsentiert werden, so wäre der Eindruck ein anderer, ein neutraler vermutlich. Denn Leseerinnerungen sind gebunden an ein konkretes Buch, an die sinnliche Wahrnehmung, in den Seiten geblättert, einige der Zeichnungen bewusst überschlagen und so – wie bei *Hans im Glück* – den alten Kinderglauben, dass das Glück nicht von materiellem Besitz abhängig sei, noch einmal unterfüttert zu haben.

Ein gutes Dutzend solcher Urbücher, von denen jedes einzelne einen festen Platz in meinen Kinderjahren einnahm, könnte ich mühelos aufzählen. Am prosaischsten wäre darunter wohl die *Fibel*, mit der ich an der Gerhart-Hauptmann-Grundschule in Heilbronn bei Oberlehrer Läpple, einem freundlichen älteren Mann im weißen Kittel, lesen und schreiben lernte. In Urbüchern stehen Urwörter, und die hießen für mich »Hans«, »Lotte«, »Rolf« (= brauner Hund), »Wurst« und »Weck«, was heute allein unter ernährungswissenschaftlichen Gesichtspunkten inakzeptabel wäre. Fünf Wörter – in Schreibschrift –, aus denen sich leicht eine Geschichte voller Konflikte spinnen ließe. Was, wenn Hans und Rolf beide Ansprüche auf die

Wurst erheben würden? Und wie würde sich Lotte in diesem Fall verhalten? Still in der Ecke sitzen und das Brötchen, den Wecken, zerkrümeln? Oberlehrer Läpple wollte von solchen kreativen Fortführungen des *Fibel*-Inventars leider nichts wissen, und so bliebe diese Geschichte ungeschrieben.

Oder ein Karl-May-Fotoband, den mir meine oberpfälzische Tante Maria, Marerl genannt, schenkte. Große Fotos zeigten die Hauptdarsteller der Verfilmungen, Pierre Brice und Lex Barker, aber auch wichtige Nebenakteure wie Chris Howland, Mario Adorf und Ralf Wolter. Was der Band mit seinen überschaubaren Bildlegenden bot, reichte mir vollkommen; mehr von Karl May brauchte ich nicht, und ein späterer Versuch, die von Hans Wollschläger herausgegebenen Bände aus dem Haffmans Verlag zu einem vertieften Verständnis von Karl May zu nutzen, fruchtete nicht. Tante Marerls Fotoband mit der handschriftlichen Widmung »Weihnachten 1969« blieb eines meiner Heiligtümer.

Oder das wunderbare Buch *Fußball 66*, im Südwest Verlag erschienen und verfasst von dem im selben Jahr verstorbenen österreichischen Sportjournalisten Heribert Meisel und Hans J. Winkler. Ein Standardwerk, keine Frage, das die Bundesliga- und Europapokal-Höhepunkte dieses Jahres resümierte und natürlich bis in allen Einzelheiten davon berichtete, was die Weltmeisterschaft 1966 neben dem schrecklichen Wembley-Tor an großartigen Momenten bereitgehalten hatte. Das Cover des großformatigen Buchs zeigt einen sich werfenden Torwart im roten Sweater, der einen Ball sicher pariert – keine Fotografie von, sagen wir, Hans Tilkowski oder Gordon Banks, sondern eine leicht stilisierte Zeichnung vor grün gestricheltem Tornetz.

Wahrscheinlich habe ich *Fußball 66* zu Weihnachten in jenem Jahr bekommen – und es wieder und wieder gelesen. Ein paar Jahre später, in der zweiten Gymnasialklasse, hat mir das abgenutzte Werk noch einmal gute Dienste erwiesen. Beim Vorlesewettbewerb hatte ich den Schulentscheid überstanden und durfte mich mit den Siegern anderer Schulen messen. Während diese Geschichten von Astrid Lindgren oder Enid Blyton vorlasen, hatte ich mich für ein Sachbuch entschieden, für *Fußball 66* natürlich. Bei den ältlichen Damen in der Jury, die wie beim Eiskunstlaufen Punktetafeln in die Höhe hielten, kam diese nichtliterarische Wahl nicht gut an, sodass es – redete ich mir hinterher ein – deshalb nur zum fünften Platz reichte.

Einem der Zuhörer gefiel das Fußballlesestück ausdrücklich, dem Hausmeister der Heilbronner Stadtbücherei, wo das Wettlesen stattfand. Der hieß Rolf Ringer, galt schon damals als Unterländer Fußballlegende und freute sich, im Türrahmen stehend, offensichtlich diebisch darüber, dass die unausgesprochenen Konventionen des Vorlesewettbewerbs mit einem WM-Text unterlaufen wurden.

Heribert Meisels Fußballbuch konsultierte ich so oft, dass es nach einer Weile ordentlich ramponiert aussah. Die Bindung hielt die Seiten nur noch notdürftig zusammen, und das Rückenschild spreizte sich ab. Mit einem grünen Isolierband, das gut zum Covermotiv passte, verhinderte ich das völlige Auseinanderbrechen meines Lieblingsbuches, das so zwar zu keinem Halbleinen-, aber immerhin zu einem Halbisolierbandbuch wurde. Ein Unikat auf jeden Fall, das einen bevorzugten Platz in meiner Fußballsammlung hat.

Apropos Stadtbücherei: In einem schwäbisch soliden Haushalt konnten nicht ständig Neuanschaffungen getätigt werden, und so galt es, günstige Gelegenheiten zu suchen, meinen Lesehunger zu stillen. Zur Fundgrube wurde die Heilbronner Stadtbücherei, damals noch im ehrwürdigen Deutschhof untergebracht. Einmal angemeldet und mit einem grauen Ausleihheft ausgestattet, ging ich fortan alle zwei, drei Wochen in den zweiten Stock der Bücherei und arbeitete mich von der Jugend- bis zur Erwachsenenabteilung empor. Wer die Leihfrist überschritt, wurde mit einer Strafgebühr belegt, und generell war es ratsam, sich dem strengen Regiment der Bibliothekarinnen mit meist strengen Frisuren zu beugen.

Die Stadtbücherei Heilbronn war mein erstes Leseparadies, dem ich viel verdanke. Hier entlieh ich, angeregt durch die *Hanni und Nanni*-Lektüre meiner Schwester, englische Internatsromane, bei denen Jungen die Hauptrolle spielten. Anthony Buckeridge hieß deren Autor, der es mit seinen *Jennings*-Romanen in seiner Heimat zu Erfolg gebracht hatte; die Resonanz im deutschsprachigen Raum blieb überschaubar, doch immerhin erschienen die – von heute aus betrachtet – äußerst harmlosen Schulromane als Hardcover- und Taschenbuchausgaben. Aus »Jennings« machten die deutschen Verleger »Fredy« (die norwegischen, falls es interessiert, »Stompa«), und weil die entliehenen Bände zweifelsfrei der Stadtbücherei gehörten, habe ich mir *Immer dieser Fredy* vor ein paar Jahren antiquarisch besorgt. Eine teure Anschaffung war das nicht, eher eine emotional wichtige.

Es blieb nicht bei so leichter Kost. Durch die Stadtbücherei lernte ich *Combray* kennen, den ersten Teil von Marcel Prousts *Auf der Suche nach der verlorenen Zeit*, oder Hermann Lenz' in Stuttgart und Wien spielenden Roman *Der Kutscher und der Wappenmaler*, der den Grundstein bildete für meine spätere Doktorarbeit über diesen Autor. Nicht zuletzt bot sich in den verschlungenen Gängen der Stadtbücherei die Gelegenheit, Wissenslücken zu schließen, die – das Internet lag noch in weiter Ferne – der häusliche Brockhaus (und die Eltern sowieso nicht) nicht schließen konnte.

Vor allem zu sexuellen Themen ließ sich in der Stadtbücherei vielerlei nachrecherchieren. Ich griff mir ein aussagekräftiges Nachschlagewerk und verzog mich in eine der hinteren Ecken an einen Lesetisch, sorgsam darauf bedacht, dass die wachsamen Bibliothekarinnen mir nicht zu nahe kamen. Dass sogar die Weltliteratur – Daniel Defoes Prostituiertenroman *Moll Flanders* oder Hermann Hesses *Narziss und Goldmund* – einiges an einschlägigen »Stellen« bereithielten, erschloss sich mir ebenfalls bald.

Wer Bücher verschlingt, will Bücher besitzen. Und so war es nur eine Frage der Zeit, bis ich begann, mein Taschengeld oder die durch Austragen des *Evangelischen Gemeindeblattes* erwirtschafteten Einnahmen in Bücher zu investieren. Die Wohnzimmerregale meiner Eltern gaben in dieser Hinsicht nicht viel her. Da standen bunt gemischt Hauptvorschlagsbände des Buchclubs, da gab es das dicke Wilhelm-Busch-Hausbuch ebenso wie *Serengeti darf nicht sterben*, Heinz G. Konsaliks *Der Arzt von Stalingrad* und Klassikerbändchen von Gottfried Keller und Wilhelm Raabe, die meine Mutter meist zu Weihnachten von einem Verwandten, einem Pfarrer aus der DDR, geschenkt bekam.

Das Heilbronn meiner Jugend besaß im Wesentlichen drei Buchhandlungen, die in Betracht kamen, drei Buchhandlungen, die unterschiedliche Bedürfnisse stillten. Da war zuerst Herr Stritter, dessen Laden zwei-, dreihundert Meter von meinem Gymnasium entfernt lag. Ich sehe ihn vor mir als gepflegten Mann in hellen Anzügen, der Krawatte trug. Lag es an seiner Lage in unmittelbarer Schulnähe, dass Stritter für die Pflichtlektüren des Deutschunterrichts zuständig schien, für die Reclam-Klassensätze von Schillers *Wallenstein* oder Annette von Droste-Hülshoffs *Judenbuche*? Klassensätze – das Wort übte einen merkwürdigen Reiz auf mich aus. Was bedeutete es genau? Gab es Rabatt, wenn Storms *Pole Poppenspäler* gleich dreißig Mal eingekauft wurde? Und warum bekamen Lehrer, sofern ich mich recht entsinne, Gratisexemplare? Hatten die nicht genug Geld? Stritter war also für die literarische Grundversorgung zuständig, kein Laden, der zu Abenteuern oder Expeditionen zu neuem, unerhörtem Lesestoff verlockte.

Einen anderen Stellenwert besaß Platzhirsch Determann, der als Heilbronner Institution galt. Sein 1-A-Standort in der Kirchbrunnenstraße, nicht weit vom Deutschhof und vom Kiliansplatz entfernt, war privilegiert. Hier ging man, nachdem der Autoverkehr aus dieser Innenstadtecke verbannt worden war, einkaufen, hier zeigte man sich, bestellte Weihnachts- und Konfirmationsbücher, hier gingen die Besucher der Volkshochschulkurse ein und aus, und hier hielt man samstags einen gutbürgerlichen Schwatz. Beengt ging es hier zu, und beim Hinaufsteigen in den ersten Stock war man froh, auf keinen Gegenverkehr zu stoßen.

Buchhändler Determann, der im Gemeinderat saß, schien sich über all die Jahre nicht zu verändern: ein freundlicher, jovialer Mann, der Ruhe ausstrahlte und mit seinen Kunden, nein, vor allem mit seinen Kundinnen umzugehen wusste. Er sei, sagte er mir einmal schmunzelnd, vor allem bei älteren Damen stets gut angekommen. Bei einer Klientel, die einen Buchhandlungsbesuch gern mit einem Abstecher ins nahegelegene Café Noller verband – auch das viele Jahre lang eine Einrichtung, die aus dem Heilbronner Stadtleben nicht wegzudenken war.

Determann veranstaltete Lesungen, und diese Abende führten zu einer meiner ersten literaturkritischen Veröffentlichungen. 1976 war es wohl, als der seinerzeit sehr erfolgreiche Manfred Bieler aus dem Roman *Der Mädchenkrieg* las. Geschult an modernen Romanen von Beckett, Robbe-Grillet oder Handke kam mir Bielers Familiensaga bieder vor, und so schrieb ich für die Schülerzeitung einen Bericht, der meinen kritischen Standpunkt deutlich zum Ausdruck brachte. Bielers Bücher erschienen übrigens bei Hoffmann und Campe, einem Verlag, den ich gut zwanzig Jahre später leiten durfte (Manfred Bielers Stern war zu diesem Zeitpunkt bereits gesunken; Versuche, sein Werk noch einmal unter die Leute zu bringen, verpufften).

Anfang der 1980er-Jahre las bei Determann Hermann Lenz aus seiner Erzählung *Erinnerung an Eduard*. Nach der Veranstaltung nahm ich allen Mut zusammen und sprach den Autor an. Über ihn wollte ich meine Examensarbeit schreiben. So bat ich ihn, mich in München, wo er seit 1975 wohnte, zu empfangen und meine Fragen zu seinem Werk zu beantworten. Lenz hatte nichts dagegen, hörte dem angehenden Literaturwissenschaftler mit freundlicher Skepsis zu, und wenige Monate später saß ich in seinem kleinen Haus in Schwabing und aß den von seiner Frau gebackenen Aprikosenkuchen, während ich ihn nach seinem Sehnsuchtsort Wien und nach seiner Alter-Ego-Figur Eugen Rapp befragte. Determann sei Dank dafür. Lenz starb 1998, seine Frau Hanne, die Treutlein Hanni aus seinen Romanen, 2010.

Irgendwann verlagerte Determann seinen Hauptsitz in die Kramstraße, keine Topadresse mehr, ein Umzug, der mir nicht behagte, während das Ladengeschäft in der Kirchbrunnenstraße zur Dependance und zum Antiquariat wurde. 2007 gaben Determanns wohl oder übel auf, nachdem die Filialisten Thalia und Osiander fast gleichzeitig ihre Absicht kundgetan hatten, ihre Zelte in der Stadt aufzuschlagen. Dieser Konkurrenz konnten und wollten sich Determanns nicht mehr stellen. Seit 1894 war ihr Geschäft in Familienbesitz. Ein Determann-Mitarbeiter, Hans Rau, stellte sich danach auf eigene Beine und eröffnete die Buchhandlung Dichtung und Wahrheit – leider in einer zu wenig frequentierten, von Baustellen eingekreisten Passage. Nach ein paar Jahren musste der belesene Hans Rau aufgeben.

Ganz oben auf meiner – und nicht nur auf meiner – Heilbronner Buchhandlungshitliste stand natürlich Carmen Tabler. Daran gab es nie etwas zu rütteln; an dieser Platzierung änderte sich nichts. Ihr Laden lag in der Titotstraße, die nach einem Heilbronner Schultheiß und nicht, wie ich lange glaubte, nach dem jugoslawischen Staatspräsidenten hieß, kurz vor der Hauptverkehrsader Allee. Ein günstiger Standort, denn wenn wir dort unsere Hohlstunden im Stehkaffee Janssen verbrachten und das Personal durch geringen Konsum und lautstarke Dispute nervten, führte der Weg unweigerlich an Carmen Tablers Buchhandlung vorbei.

Natürlich war dies keine x-beliebige Buchhandlung, und natürlich war Carmen Tabler alles andere als eine x-beliebige Buchhändlerin. Gewiss, sie verkaufte Bücher und führte auch die noble Büchergilde Gutenberg, doch ihr Laden entwickelte sich zum politischen Treffpunkt, zum linken Gegenpol im Stadtgefüge. Heilbronn Ende der 1970er-, Anfang der 1980er-Jahre stand im Zeichen der Friedensbewegung, des Widerstands gegen die amerikanischen Pershing-Raketen, die im Heilbronner Stadtwald, auf der Waldheide, lagerten. Im Dezember 1983 wurde eine unter anderen von Günter Grass initiierte »Heilbronner Erklärung« abgegeben, in der Konservative eine »Wehrkraftzersetzung« sahen. Peter Härtling, Luise Rinser und Heinrich Albertz kamen in diesen Jahren nach Heilbronn, und Carmen Tabler war eine von denen, bei der die Fäden zusammenliefen. Das spürte man, kaum dass man ihr Ladengeschäft betreten hatte – am Sortiment, das ein breites »links-engagiertes« Sachbuchsortiment und darunter nicht nur die gängigen Titel von Rudolf Bahro, Herbert Gruhl, Dorothee Sölle oder Franz Alt bereithielt. Ich gehörte als Schüler nicht zum engen Zirkel dieses Engagements, blieb in wohlwollender Distanz und hielt Carmen Tabler die Treue, als ich Ende 1978 zum Studium nach Tübingen ging und dort keine geringe Auswahl an exquisiten Buchhandlungen vorfand. Die Bücher, die ich fürs Studium brauchte, kaufte ich weiterhin bei ihr, die fünfbändige Nymphenburger-Kassette der Fontane'schen Werke zum Beispiel oder, um im aktuellen Diskurs auf der Höhe zu bleiben, Verena Stefans *Häutungen*, ein feministischer Bestseller.

Es gab also literarische und politische Gründe, sein Geld in die Titotstraße zu tragen. Doch natürlich gehörte zur Attraktivität dieser Buchhandlung nicht zuletzt die Attraktivität ihrer Inhaberin. Das zu leugnen wäre unredlich. Carmen Tabler war zu meiner Schulzeit eine Frau Ende zwanzig, eine Erscheinung, deren schwarze Mähne mir nicht aus dem Kopf ging. Wild sah sie aus mit dieser ungezähmten, Auflehnung ausstrahlenden Frisur, in die sich, bilde ich mir ein, recht früh zarte graue Strähnen mischten. Wie ich damals lernte, braucht es im Buchhandel taktisches Geschick, um von seiner Wunschbuchhändlerin bedient zu werden. War sie unschönerweise ins Gespräch mit anderen Kunden vertieft, streifte ich interessierten Blickes durch alle Ecken des Ladens, nahm dies und jenes Buch in die Hand, blätterte abwesend darin. Denn ich musste auf der Hut bleiben, wollte den Moment nicht verpassen, da Carmen Tabler, die Schöne, endlich in Ruhe gelassen wurde und allein an der Kasse verharrte. Dann legte ich meine Scheinlektüre beiseite, näherte mich ihr zielstrebig und gab meine Bestellungen auf, nicht ohne ein Gespräch anzuzetteln, egal, worüber.

Carmen Tabler kam mir damals als Verkörperung einer selbstbewussten Frau vor, die sich nicht einschüchtern ließ und ihren Standpunkt vertrat, ohne verbissen zu wirken. Von ihren schwarzen Haaren hatte ich wohl schon gesprochen. Ach herrje, was ich wohl alles auf diese Buchhändlerin projiziert habe … aber zu unterscheiden, was einst Projektion und was Nicht-Projektion war, bin ich jetzt nicht mehr in der Lage. Was nicht schlimm ist. Carmen Tabler ist meine Urbuchhändlerin. Daran wird sich nichts mehr ändern.

1980 war sie Mitbegründerin des Distel Verlags. 1993 erkrankte sie erstmals an Krebs und verkaufte ihre Buchhandlung ein Jahr später an den Kollegen Stritter. 2005 starb Carmen Tabler, siebenundfünfzigjährig.

Das sind die Buchhandlungen, die als Erste auf meinem Weg lagen und die meine Liebe zu Buchhandlungen schlechthin weckten. Wobei diese Sympathie übrigens auch Geschäften gelten kann, die ich nie betreten habe. Lassen Sie mich das an einem Beispiel erläutern, an einem Londoner Antiquariat.

In meiner Andachtsgalerie steht, gleich neben Carmen Tabler, zum Beispiel Frank Doel aus London. Jener Mr. Doel, der bis Ende der 1960er-Jahre das Antiquariat Marks & Co. in der 84, Charing Cross Road betrieb. Bibliophile wissen sofort, dass es sich dabei um das wunderbare, längst nicht mehr existierende Geschäft handelt, dem die New Yorker Autorin Helene Hanff in ihrem Buch *84, Charing Cross Road* ein Denkmal gesetzt hat – ohne es selbst jemals betreten zu haben.

1949 hatte sie Verbindung zu diesem Antiquariat aufgenommen, um seltene Bücher, die in New York nicht zu bekommen waren, zu bestellen. Rasch entwickelte sich daraus ein Briefwechsel, der mit normaler Geschäftskorrespondenz nichts mehr zu tun hatte. Die New Yorkerin Helene Hanff und der Londoner Buchhändler Frank Doel wurden zu Freunden, die ihren Gefühlen auf sehr unterschiedliche Weise Ausdruck verliehen und die sich persönlich nie begegnen sollten: 1969 starb Frank Doel, was seine Briefpartnerin dazu brachte, diesen einzigartigen Briefwechsel zu publizieren. *84, Charing Cross Road* heißt das 1970 bei Grossman, New York, zuerst erschienene Bändchen, dessen Charme die Leserinnen und Leser sofort eroberte – ein Siegeszug, der sich über dreißig Jahre später, im Jahr 2002, auch in Deutschland fortsetzte.

Wesentlich schneller erreichte *84, Charing Cross Road* England. Der Verleger Andre Deutsch entschloss sich umgehend, eine Ausgabe auf den Markt zu bringen, und lud die Autorin nach London ein, um das Erscheinen des Buches zu promoten. Zwanzig Jahre lang, wie gesagt, war es Helene Hanff unmöglich gewesen, die ersehnte Reise über den Atlantik anzutreten. Der Kontostand der nicht auf Rosen gebetteten Drehbuchschreiberin ließ ein derart kostspieliges Unternehmen nicht zu, wiewohl manche der Hanff'schen Briefe den Verdacht nähren, dass auch leise Furcht mit im Spiel war – die Furcht, die farbigen Bilder der Imagination in den Straßen Londons nicht wiederzufinden.

Im Juni 1971 war es so weit: Helene Hanff bricht auf, um das ihr vor allem durch die Literatur vertraute London zu sehen. Sie beschließt, Tagebuch zu führen und ihre Eindrücke präzise festzuhalten. *Die Herzogin der Bloomsbury Street* ist das wunderbare Resümee dieser Aufzeichnungen. Wie in *84, Charing Cross Road* gelingt es Helene Hanff, ihre Erlebnisse und Begegnungen so pointiert und liebevoll einzufangen, dass man dieser so ängstlichen wie entschlossenen Reisenden sofort folgen möchte. Helene weiß natürlich um das Abenteuer, auf das sie sich einlässt. »Ein

Gefühl der Ernüchterung« überkommt sie zuerst – und die beklemmende Regung, »dass die ganze Reise unnötig war«. Doch kaum beginnt sie, die Stadt für sich ausschreitend zu erobern, fallen die anfänglichen Zweifel von ihr ab, und das Glücksgefühl, endlich auf den Spuren von John Donne oder William Shakespeare wandeln zu dürfen, beherrscht sie völlig.

Helene Hanff genoss ihren sechswöchigen Aufenthalt; sie erfreute sich an dem lebhaften Interesse, das ihr die Journalisten entgegenbrachten, wohl wissend, dass dieser Ruhm nur von kurzer Dauer sein und nicht bis nach New York reichen würde. Mit Augenzwinkern ließ sie sich als »Ersatz-Herzogin« feiern und war begierig darauf, jeden Augenblick ihrer Reise auszukosten. Freudig nahm sie Esseneinladungen an, da diese ihren Geldbeutel entlasteten und halfen, die Zahl der Londoner Tage zu erhöhen. Dennoch war die englische Metropole für Helene Hanff kein bloßer Andachtsort, der keine kritischen Anmerkungen vertrug. Mit dem ihr eigenen Witz beschreibt sie die Fehlkonstruktion einer Hoteldusche, die dürftige Ginhaltigkeit der gereichten alkoholischen Getränke, die rätselhafte Komposition eines »Chicken Maryland« und die gewöhnungsbedürftige britische Kleiderordnung.

Das reale London hielt den Erwartungen, hielt der einstigen »Sehnsucht, die wie Heimweh war«, stand. Es war ihr pragmatischer Realitätssinn, der die Reisende Hanff davor schützte, in triefende Sentimentalität zu verfallen. Sie wollte die Stätten sehen, die ihr die Bücher nahebrachten, und sie wollte endlich Frank Doels Familie kennenlernen. Sie machte diese Erfahrungen und gab sich – in ihrem Tagebuch – sofort Rechenschaft darüber. Als sie beschloss, die alten Lettern des inzwischen geschlossenen Antiquariats Marks & Co. mitzunehmen, kommentierte sie diesen Anfall möglicher Wehmut umgehend: »Und an einem Tag im September, wenn ich meinen Hausputz mache und sie mir in die Hände fallen, werde ich mich fragen: ›Was willst du damit – willst du Tränen darüber vergießen, wenn du eine alte Dame bist?‹, und sie dann wegwerfen.«

Die unglaubliche Resonanz, die Helene Hanff erfuhr, hat sie selbst immer wieder staunend registriert. Im Oktober 1971 veröffentlichte *Das Beste aus Reader's Digest* ihren *Brief aus dem siebten Himmel*, mit dem sie ihren anhänglichen Lesern danken wollte. Darin heißt es: »Ich habe nachts viel wach gelegen und zu begreifen versucht, was eigentlich passiert war. Ich hatte nichts getan als ein Buch geschrieben, und da war der Himmel über mir eingestürzt. Und wenn ich ehrlich sein soll, so ist es gar kein richtiges Buch; es ist nur ein Briefwechsel zwischen mir und einem Engländer, dem ich nie begegnet bin, aus einer Buchhandlung, die ich nie gesehen habe. Aber als ich vorige Woche wieder wach lag, fielen mir plötzlich ein paar Zeilen aus einer Besprechung des Buches ein. Und jetzt begriff ich endlich. Die Zeilen stammen von Haskel Frankel in der *Saturday Review*: ›Wenn ein unbekümmertes amerikanisches Herz die steife Zurückhaltung eines Engländers durchbrechen kann, was kann dann nicht alles zwischen Völkern in dieser gequälten Welt geschehen? Und was ist Einsamkeit anderes als die Illusion einer persönlichen

Heimsuchung, die Menschen am anderen Ende der Briefbrücke nur zu gern zerstören?«

Helene Hanffs *84, Charing Cross Road* ist eine der schönsten Liebeserklärungen an eine Buchhandlung und vor allem an die umsichtigen Menschen, die diese Buchhandlung betrieben. Eine wunderbare Fernbeziehung, die nie zu einer Nahbeziehung wurde, werden konnte. Doch wer nachliest, wie einfühlsam der zurückhaltende Frank Doel noch auf die sonderbarsten Wünsche seiner New Yorker Kundin eingeht, spürt, dass diese Geschäftsbeziehung auch eine Liebesbeziehung war. Die beengten Wohnverhältnisse, mit denen Helene Hanff in New York zurechtkommen musste, brachten es übrigens mit sich, dass sie es sich nicht leisten konnte, sich eine Bibliothek anzuschaffen. Aus der Not machte sie so eine Tugend und mistete ihre Bestände regelmäßig aus: »Jedes Jahr im Frühjahr mache ich Bücher-Großputz und werfe die hinaus, die ich nie wieder lesen werde, so wie ich alte Kleider, die ich nie wieder tragen werde, wegwerfe.« In diesem Punkt stimme ich Ms. Hanff nicht zu. Bücher aus meinen Regalen zu eliminieren, das bringe ich nicht fertig, egal, wie ablehnend ich ihren Inhalten heute vielleicht gegenüberstehe.

Buchhandlungen, die mein Herz erobern, sehen ganz unterschiedlich aus. Sie alle wollen allerdings, wie es die im

Herbst 2018 verstorbene Mailänder Verlegerin Inge Feltrinelli sagte, zuerst »den Kunden verführen«. Manche sind architektonische Wunderwerke, manche verwinkelte, chaotische Refugien, manche stabile Bollwerke gegen den Zeitgeist, manche kreative Zentren voller Überraschungen, manche Leuchtbojen in unwirtlichen Einkaufspassagen.

Buchhandlungen, die nicht austauschbar sein wollen, haben es heute nicht leicht, sich zu behaupten. Dennoch nehme ich in dieser Liebeserklärung keinen nostalgischen Blickwinkel ein. Es soll ja weitergehen. Die Geschichten, die ich von einigen außergewöhnlichen und von einigen unscheinbaren Stätten erzähle, sollen zeigen, dass Traditionsbewusstsein und Innovationsgeist immer noch die nötige Kraft geben können, eine ökonomische und eine geistvolle Zukunft zu sichern. Gewiss, in den wenigsten Buchhandlungen geht es heute so beschaulich zu wie in den 1920er-Jahren, als Carl Jakob Burckhardt beim Friseur in Paris Rainer Maria Rilke traf und mit diesem ein Antiquariat am linken Seineufer aufsuchte. Dort geriet man umgehend in hitzige literarische Debatten über Ronsard und La Fontaine, bis der Inhaber kurzerhand die Türen verschloss und seine Gäste mit Poulet de Bresse und Wein bewirtete – nachzulesen in Burckhardts *Ein Vormittag beim Buchhändler*.

Ungeachtet aller Wandlungen, die sich seitdem vollzogen haben: Besuche in Buchhandlungen werden zu unvergesslichen Erlebnissen, sobald ein Zauber überspringt, wenn man lesend und redend die Zeit vergisst, sich in einem Kokon der Unantastbarkeit wähnt und zuletzt mit einer Tüte von Büchern nach Hause geht, deren Kauf man beim Betreten des Ladens gar nicht ins Auge gefasst hatte. Elias Canetti erzählt in seinem Roman *Die Blendung* gar davon, dass sich Peter Kien, die in seiner Privatbibliothek kein gutes Ende nehmende Hauptfigur, als Kind danach sehnt, eine Buchhandlung zu besitzen, sich in einer über Nacht einschließen lässt und plötzlich Gespenster nahen fühlt: »In der Nacht flogen sie alle her und hockten sich über die Bücher. Da lasen sie. Die brauchten kein Licht, die hatten so große Augen. (...) Zehntausend Bücher, auf jedem hockte ein Gespenst. Drum war es so still. Manchmal hörte er sie blättern. Sie lasen genauso rasch wie er.«

Der Wunschtraum des jungen Peter Kien ist nicht verblichen. Auch nachgeborene Kollegen Elias Canettis träumen ihn weiter. Durs Grünbein zum Beispiel beginnt seine Lobrede auf die Düsseldorfer Literaturhandlung Müller & Böhm mit einer solchen Fantasie: »Was passiert in Buchhandlungen eigentlich nach Ladenschluss, tief in der Nacht? Früher träumte ich oft von Museen, in die ich mich einschließen ließ wie der Kunsträuber in die zu plündernde Schatzkammer, später waren es hin und wieder Antiquariate, die mir Träume der Wunscherfüllung bescherten.« Und Felicitas Hoppe überkamen verwandte Gedanken, als sie sich im Angebot des Berliner KulturKaufhauses Dussmann verlor: »Ich sitze (ein Zufallsbuch auf dem Schoß) in einem Dussmannsessel, schaue auf die Friedrichstraße herab und bilde mir ein, ich wäre nicht zum Kaufen gekommen, sondern zum Lesen, womöglich zum Wohnen und könnte mich nachts einschließen lassen, um im Licht der Straßenlaternen meine eigenen Bücher zu schreiben.«

Inzwischen gehören solche Einschließwünsche längst zum Angebotsspektrum etlicher Buchhandlungen, sei es in Hamburg-Niendorf oder Gingst auf Rügen: Kunden, große und kleine, werden eingeladen, die Nacht oder zumindest den Abend in der Buchhandlung zu verbringen und in aller Ruhe zu schmökern. Ob denen dann Gespenster oder gute Geister begegnen?

2

DIE BUCHHÄNDLERIN, DER BUCHHÄNDLER – DIE UNGEWÖHNLICHEN WESEN

Stephan Samtleben ist Buchhändler durch und durch. Seit dreißig Jahren betreibt er die kleine, feine Buchhandlung im Hamburger Literaturhaus, die 2017 mit dem Deutschen Buchhandlungspreis ausgezeichnet wurde. Seine norddeutsche Bescheidenheit ließ ihn lange zögern, die Plakette in seinen Schaufenstern anzubringen. Mittlerweile hat er es getan, in größtmöglicher Dezenz. Man will ja als Hanseat kein Aufsehen erregen oder als eitel gelten.

Samtlebens Understatement hat nicht erst in zweiter Linie damit zu tun, dass er auf seinen literarischen Geschmack nichts kommen lässt und dass er nicht nur Bücher in Erinnerung hat, die in den letzten fünf Jahren erschienen sind. Wer in einem Literaturhaus eine Buchhandlung betreibt, hat es – das ist in Hamburg so wie in Berlin oder Stuttgart – mit einer Kundschaft zu tun, die auf ihren literarischen Geschmack ebenfalls nichts kommen lässt und von ihrem Buchhändler einiges erwartet. Stephan Samtleben weiß das, und wenn er bei Lesungen den Büchertisch ausrichtet, ist er stolz darauf, nicht nur das Lieferbare, sondern auch längst vergriffene Erstausgaben eines Autors zu präsentieren. Seine

Gesichtszüge strahlen dann leise Selbstzufriedenheit aus, die sich nur steigern lässt, wenn seine Kunden erkennen, welche Schätze er ihren vielleicht nicht ganz sauberen Händen auszusetzen bereit ist. Nicht sicher bin ich mir, ob er diese Kostbarkeiten wirklich verkaufen oder nicht doch lieber in seinen Regalen für immer und ewig verwahren möchte.

Stephan Samtleben ist ein belesener und ein empfindlicher Mann. Das, was oben auf den Bestsellerlisten rangiert, interessiert ihn erst einmal nicht, ja scheint ein Ausweis für dürftige literarische Qualität zu sein. Er sondiert Vorschauen auf seine Weise und hat eine Vorliebe für Kleinverlage, deren Inhaber ihn folglich tief ins Herz geschlossen haben. Manchmal sind Stephan Samtleben und ich sogar einer Meinung, was uns beide lächeln lässt. 2017 zum Beispiel erschien im vom deutschen Feuilleton meist zu wenig beachteten Otto Müller Verlag der Roman *So tun, als ob es regnet*, verfasst von der in Siebenbürgen geborenen und in Freiburg lebenden Iris Wolff. Buchhändler Samtleben und ich lasen ihn getrennt voneinander und kamen zum gleichen Ergebnis: dass das ein außergewöhnliches, nicht genug zu preisendes Werk sei. Und was tat Buchhändler Samtleben darauf hin? Er schnappte sich jeden literarisch satisfaktionsfähig wirkenden Menschen, der absichtlich oder versehentlich den Fuß in sein Ladengeschäft gesetzt hatte, und ließ ihn erst wieder gehen, wenn er ihm ein Exemplar des Wolff'schen Romans verkauft hatte. Innerhalb eines Jahres brachte er es so auf über 300 verkaufte Bücher – im Buchhändlerranking bei Otto Müller dürfte Samtleben ganz oben stehen.

Stephan Samtleben macht es seinen Kunden nicht leicht und begegnet ihnen nie mit anbiedernder Freundlichkeit. Diese müssen sich gewissermaßen als würdig erweisen, von ihm bedient zu werden, und wenn sie ein Benehmen an den Tag legen, als wähnten sie sich in einem Getränkeshop oder Baumarkt, verdunkeln sich Samtlebens Gesichtszüge blitzschnell. Unvorstellbar für ihn, dass man zu ihm kommt, nachdem man im benachbarten Literaturhauscafé Pommes frites mit den Fingern gegessen und die Serviette nur notdürftig benutzt hat. Mit Argusaugen folgt Samtleben jeder Bewegung dieser unliebsamen Kundschaft und scheut vor Maßregelungen nicht zurück, sobald ein Buch brutal aufgeklappt oder an den falschen Platz zurückgelegt wird. Am verhasstesten sind ihm Menschen, die – und dieses Phänomen hat ja erschreckend zugenommen – mit Rucksäcken bewaffnet seinen nicht sehr großen Laden betreten, sich sorglos drehen und wenden und Gefahr laufen, den Inhalt ganzer Regalbretter zu Boden zu pfeffern. Es wird, da bin ich mit Buchhändler Samtleben einer Meinung, schon seinen Grund haben, warum Rucksäcke in den guten, alten Zeiten vor allem auf Wanderungen eingesetzt wurden, fernab irgendwelcher leicht verletzbarer Bücher.

Wie es sich für Buchhändler, die wie Buchhandelsvertreter selten Mainstreamcharaktere sind, gehört, weist Samtleben Eigenschaften auf. So ist er leidenschaftlicher Fahrradfahrer – was nicht bedeutet, dass er mal am Wochenende eine kleine Spritztour unternimmt, sondern er ist ein Freund sehr langer Fahrten über Stock und Stein, und weil er ein frankophiler leidenschaftlicher Fahrradfahrer ist, erzählt er gerne davon, wie er nicht nur einmal in sengender Hitze auf den Mont Ventoux gekraxelt ist. Kein Wunder, dass er zu jenen Buchhändlern gehört, die ihre Kunden auch mit dem Fahrrad beliefern – ein Service, den Internethändler noch nicht anbieten.

All das verrät, dass dieser Samtleben Traditionalist ist, ohne zum verschrobenen Vertreter seiner Zunft geworden zu sein. Modernen Kommunikationsmitteln steht er nicht ablehnend gegenüber, doch mitunter ist es besser, ihn anzurufen, als auf eine E-Mail-Antwort zu warten. Und niemand würde auf die Idee kommen, die Website seiner Buchhandlung als vorbildlich oder fortschrittlich zu erachten. Manchmal kann es sogar passieren, dass seine Homepage nicht erreichbar ist und er Anmerkungen zu diesem Missstand achselzuckend mit dem Satz »Ja, da bin ich dran« quittiert.

Im Gegenzug verfügt Samtleben über technische Instrumente, die aufmerksame Kunden zu beeindrucken vermögen. Wenn er beispielsweise bei Lesungen ein eingeschweißtes Buch verkauft und es zwecks Signatur darum geht, rasch die bisweilen sehr eng sitzende Folie zu entfernen, setzt er nicht Stifte, Brieföffner oder seine Fingernägel ein, sondern holt ein messerscharfes Gerät hervor, das so exquisit ist, dass mir sein Name nicht mehr einfällt. Folienaufschneideapparat vielleicht, ich weiß es nicht. Auf jeden Fall sorgt es dafür, dass sich die Folie im Nu löst und weder Schnitt noch Schutzumschlag irgendeine Verletzung davontragen. Mit dezentem Triumphgefühl überreicht er dann das entkleidete Exemplar seinen Kunden, die oft gar nicht wissen, welche Raffinesse sie gerade erlebt haben.

Und zuletzt: Bedeutendster Beleg für die Samtleben'sche Sensibilität (und für seine Professionalität) ist ein Ereignis, das er selbst gern erzählt. 2006 war es, als Matthias Politycki seinen Kuba-Roman *Herr der Hörner* präsentierte und Stephan Samtleben seinen üblichen Platz am Büchertisch einnahm – bis der Autor eine blutrünstige Passage vorlas, die dem Sortimenter aufs Gemüt schlug. Und nicht nur das: Von den wenigsten im Saal bemerkt, kippte er einfach um, schlug auf das Parkett hinter dem Büchertresen auf, zum Glück ohne sich Verletzungen zuzufügen, und verlor kurzzeitig das Bewusstsein. Andere Buchhändler hätten auf einen solchen Sturz mit Aufschrei und Wehklagen reagiert, nicht so Samtleben. Von seiner Frau Catherine beobachtet, verharrte er in liegender Position und dachte nicht daran, die Lesung zu stören. Diese nahm ihren Lauf, Samtleben erholte sich und verkaufte am Ende der Veranstaltung Bücher, als wäre nichts geschehen. Dass die Literatur einen erfahrenen Mann wie ihn umzuhauen vermochte, das beeindruckte viele – nicht zuletzt ihn selbst.

Vielleicht ist ein Mann wie Stephan Samtleben ein aussterbendes Exemplar seines Berufs. So wie wir beklagen, dass es in Politik und Fußball keine »Originale« mehr gebe. Doch das Geschäft mit Büchern lebt von solchen Charakteren, und so wenig ich unterschätze, dass es auch unverwechselbare Busfahrer und Drogeriefachverkäuferinnen gibt, so sicher bin ich mir, dass sich unter Buchhändlerinnen und Buchhändlern besonders viele eigenwillige Köpfe finden. Das hat, ganz einfach gesagt, wohl damit zu tun, dass es im Buchhandel um Inhalte geht, dass es hier um Kultur geht und dass in Büchern Dinge verhandelt werden, die mit unserem Leben und unserem Lebensglück zu tun haben. Und das färbt ab – anders vermutlich als bei Busfahrern und Drogeriefachverkäuferinnen, die sich mit ihren Fahrscheinen und Duschgels in der Regel nicht in gleichem Maße identifizieren.

Wir wollen freilich nichts beschönigen. Bei weitem nicht alle, die Bücher verkaufen, sind engagierte Überzeugungstäter, die mit Herzblut bei der Sache sind. Es gibt desinteressierte, uninformierte, teilnahmslose und verschlafene Buchhändlerinnen und Buchhändler, die genauso gut Latthämmer und Lippenstifte verkaufen könnten. Und es gibt welche, die glauben, Sonderrechte zu besitzen, die es ihnen erlauben würden, sich vom gesamtwirtschaftlichen Rahmen abzukoppeln, weil sie sich als Kulturträger sehen. Welche, die zu spät merken, welche Gefahren ihren Sortimenten drohen, und die beleidigt sind, wenn die Kundschaft fortbleibt. Von denen will ich nicht reden, denen gilt meine Liebeserklärung nicht. Den anderen schon, die Eigenheiten an den Tag legen und sich Woche für Woche überlegen, wie sie den Anfeindungen der Marktkonzentration und des Internets widerstehen können. Lassen Sie mich noch von ein paar dieser realistischen Idealisten erzählen.

Elisabeth Röttsches ist eine elegante, stilsicher gekleidete Buchhändlerin, die zusammen mit ihrem Bruder Ludolf Geschäftsführerin der alteingesessenen Buchhandlung Koethers & Röttsches in Herne ist. 1978 trat sie als ganz junge Frau in den Familienbetrieb ein, dessen Geschichte bis in das Jahr 1905 zurückreicht, als der Zeitungsdruck die Koethers' und die Röttsches' ernährte.

2011 ergab sich die Möglichkeit, die in einem Innenhof hinter der Buchhandlung liegende Alte Druckerei zurückzukaufen und daraus einen edel eingerichteten Ort für Lesungen, Ausstellungen und Konzerte zu machen. Wo einmal kühne Gedanken gedeihen, da ist es bis zum nächsten kühnen Gedanken nicht weit. Und so entstand die Idee, für das Veranstaltungsprogramm ein Dach namens »Literaturhaus Ruhr-Herne« zu schaffen und die Buchhandlung in dieses Ensemble zu integrieren – was 2015 glückte. Und weil Literaturhäuser wie Buchhandlungen von ihrem Ambiente leben, von Reizen, die dazu führen, dass sie von Menschen betreten werden, die normalerweise keine Literaturhäuser und Buchhandlungen betreten, entschlossen sich die Geschwister, Nägel mit Köpfen zu machen. Ein Jahr später trennte man sich vom Schreibwarensortiment und gliederte in die Buchhandlung ein Café mit zwanzig Sitzplätzen ein, das als Scharnier zwischen Literaturhaus und Buchhandlung fungiert. Seitdem zischt und brodelt es zwischen den Regalen, wenn italienischer Kaffee und kleine Frühstücke serviert werden. Das – in eigener Regie betriebene – Café ist kein Anhängsel der Buchhandlung, und es dominiert sie nicht.

Elisabeth Röttsches ist Geschäftsfrau. Sie macht »bella figura« in den Wirtschaftszirkeln der Stadt, ist Mitglied im Rotary Club und engagiert sich ehrenamtlich. Was sie anpackt, muss einem kritischen Controlling standhalten – und gleichzeitig ist sie eine leidenschaftliche Leserin, die für ihre Kundinnen und Kunden regelmäßig eine Auswahl von Neuerscheinungen präsentiert. Von Büchern, die sich nicht von allein verkaufen, von Büchern, für die sie sich ins Zeug legt. Einige der von ihr geschätzten Autoren wie Markus Orths oder Ralf Rothmann treten dann in ihrem Literaturhaus auf, zu Eintrittspreisen, die in kaum einer Metropoleneinrichtung durchsetzbar wären. Dass das mitten im Ruhrgebiet funktioniert, hätten viele nicht geglaubt – doch es funktioniert. Von gutem Weißwein versteht Elisabeth Röttsches übrigens auch etwas.

In Stade wird es vermutlich so bald kein Literaturhaus geben. Am Rande des Alten Landes gelegen, hat die niedersächsische Kreisstadt knapp fünfzigtausend Einwohner – und eine oft prämierte Buchhandlung, die zu Recht zu den schönsten in Deutschland gezählt wird. Ästhetische Qualitäten haben oft mit der Geschichte eines Objektes zu tun, das trifft in Stade allemal zu.

»Schaumburg«, »Buchhandlung«, »Antiquariat« prangt auf drei Schrifttafeln an einem unter Denkmalschutz stehenden Fachwerkhaus. Zwei hohe, fast bis auf den Gehsteig reichende Schaufenster, zwei Wandkästen, zwei Postkartenständer – keine spektakuläre Ansicht und doch eine, die auf Anhieb deutlich macht, dass in diesem Haus keine Beliebigkeit herrscht und ein Geschäftssinn regiert, der um seine Wurzeln weiß. »Hiermit beehre ich mich, Ihnen die ergebene Anzeige zu machen, dass ich am heutigen Tage auf hiesigem Platze eine Buch-, Kunst- und Musikalienhandlung unter meiner Firma eröffnet habe«, so beginnt das Rundschreiben vom 21. August 1840, mit dem der noch nicht einmal dreißigjährige Friedrich Schaumburg die Eröffnung seines neuen Geschäftes kundtat.

Bis zum Jahr 1852 befand sich die Buchhandlung in der Hökerstraße, ehe man an den heutigen Standort in der Großen Schmiedestraße übersiedelte. Über sechzig Jahre führten die Schaumburgs Verlag und Buchhandlung. Nach Friedrichs frühem Tod 1856 übernahm zunächst seine Witwe und dann 1875 sein Sohn Friedrich Wilhelm die Firma. Schulbücher wie die *Praktische deutsche Sprachlehre für Stadt- und Landschulen* brachten Umsatz, und die Angliederung eines Musikalien-Leihinstituts verbreiterte das ökonomische Fundament.

Friedrich Wilhelm Schaumburg, der den Ruf eines sparsamen Sonderlings genoss, verstarb 1902 kinderlos. Zum Glück fand sich jedoch rasch ein Nachfolger, der 1893 bei Schaumburg in die Lehre eingetretene Heinrich Bremer, Sohn eines Stader Schneidermeisters. Seine Enkelin Heide

Koller-Duwe, die heute in dritter Generation die Geschäfte führt, weiß dieses Eingebundensein in die Tradition zu schätzen. Mit leuchtenden Augen erinnert sie sich daran, wie sie als kleines Mädchen im Schlafanzug zu ihrem Vater in die Buchhandlung hinuntersprang – seitdem empfindet sie die unverwechselbare Atmosphäre von Büchern als Lebenselixier. Ihr Vater Friedmann Koller, der 1951 als Gehilfe in der Buchhandlung angefangen hatte, heiratete ein Jahr später Bremers Tochter Christa – Indiz dafür, dass der Geist einer exquisiten Buchhandlung amouröse Entwicklungen auszulösen vermag. Denn gut dreißig Jahre später wiederholte sich die Geschichte gewissermaßen, als der 1987 als Gehilfe in die Buchhandlung eingetretene Sebastian Duwe Kollers Tochter Heide, mit der er schon zu Schulzeiten verbunden gewesen war, heiratete.

Heide Koller-Duwe pflegt die Tradition, die sich mit dem Namen Schaumburg verbindet, ohne darauf zu vertrauen, dass heutzutage Tradition allein das Überleben zu sichern vermag. Natürlich sind sie und ihr Mann stolz darauf, dass ein Teil des Inventars auf die Anfänge der Buchhandlung zurückgeht: eine hölzerne Regalwand mit eingelassener Uhr, Säulen, Bögen und handgemachten Türscheiben, die den Besucher sofort in Beschlag nimmt und eine Ahnung davon gibt, wie es hier Mitte des neunzehnten Jahrhunderts ausgesehen haben mag.

Aus einem Guss indes ist wenig in dieser höchst individuell gestalteten Buchhandlung. Stilmischungen finden sich an allen Ecken und Enden, obschon viel Mühe darauf verwandt wurde, die Regalnachbauten dem alten Inventar behutsam nachzuempfinden. Wo man gerade noch auf knarrenden Holzdielen stand, breitet sich plötzlich ein dicker Teppich aus. Da plätschern moderne Kugelbrunnen vor sich hin, ehe es in den hinteren Räumen plötzlich licht wird. 1999 machte man sich an die Überbauung des Hofes zum 1971 hinzugekauften Hinterhaus, das auf die Poststraße geht. Dort war das vor allem von Friedmann Koller engagiert betriebene große Antiquariat untergebracht. Seit dem Umbau hat sich die Verkaufsfläche auf 180 Quadratmeter vergrößert. Zwei achteckige Lichtkuppeln, die von einem befreundeten Arzt ausgemalt wurden, lassen Helligkeit hineinfluten – dorthin, wo sich wiederum Einrichtungsteile mit bemerkenswerter Historie finden. Teile des Antiquariats sind bis heute in ungewohntem Mobiliar untergebracht: in einer aus der Mitte des neunzehnten Jahrhunderts stammenden Einrichtung der Stader Tabakfabrik Fick.

Auf die Verbindung zwischen Büchern und Tabakwaren wird man schon vor Betreten der Buchhandlung eindringlich hingewiesen, denn im Treppenwinkel am Eingang thront eine stattliche Holzfigur, deren Risse zeigen, dass sie etliche Jahre auf dem Buckel hat: Der »Tabakneger«, wie der rauchende Mann politisch ganz unkorrekt genannt wird, stammt aus einem aufgelösten Kolonialwarenladen, der seine Kundschaft mit der originellen Statue auf sein Sortiment an Tabakwaren hinwies. Auch mit solchen Details signalisiert man bei Schaumburg, dass der Einzelhandel überlebt, wenn er sich nicht vom Einheitsgeschmack beeindrucken lässt, sondern mit ungewöhnlichen Attraktionen auf sich aufmerksam macht.

Die Kunden wissen und mögen das. Neben den Touristen, die neugierig durch die Altstadt bummeln und nach markanten Motiven Ausschau halten, baut Heide Koller-Duwe vor allem auf ihre Stammklientel. Gewiss, deren Treue lässt ein wenig nach; auch anderswo wird gekauft, doch nicht selten verspüren die Abtrünnigen bald wieder Sehnsucht nach dem »individuellen Gesicht« in der Großen Schmiedestraße. Dieses manifestiert sich im heute wunderbar altmodisch anmutenden Signet, das der Grafiker Synold Klein 1952 entwarf: ein lesendes Männchen in Stiefeln, das an einer Kiepe voller Bücher schwer zu tragen hat.

Heide Koller-Duwe lässt es sich nicht nehmen, ihren Kunden die Literatur sehr plastisch nahezubringen. Seit der Erweiterung der Räumlichkeiten 1999/2000 bietet man in jedem Jahr Lesungen an, die regelmäßig kulinarisch oder musikalisch angereichert werden. Letzteres für Heide Koller-Duwe eine ideale Möglichkeit, ihre beiden Leidenschaften – Literatur und Musik – zu verknüpfen.

Die Liste derjenigen, die sich im Lauf des letzten Jahrzehnts zu Lesungen in Stade eingefunden haben, nimmt sich erstaunlich aus: Robert Menasse, Margriet de Moor, Hans-Ulrich Treichel, Ilija Trojanow, Arno Geiger, Klaus Modick, Sten Nadolny, Wilhelm Genazino, Daniel Kehlmann, Zsuzsa Bánk, Ingo Schulze … sie alle gaben sich die Türklinke in die Hand. Und wenn alle Bücher signiert sind und die Autoren Durst und Hunger verspüren? Dann ist es bei den Koller-Duwes keineswegs Brauch, in irgendeine Pizzeria um die Ecke zu ziehen. Stattdessen verwandelt sich die Lesungsatmosphäre binnen weniger Minuten in ein gemütliches Esszimmer. Rund um einen großen Tisch werden Stühle platziert, Antipasti serviert, Wein kredenzt. Der Autor ist hier kein anonymer Gast, der seine vertraglichen Pflichten erfüllt und sich danach unverzüglich in sein Hotelzimmer begibt. Nein, hier ist man *en famille*. Heide Koller-Duwe ist die Regentin dieser Zeremonie. Wie ihre Buchhandlung aus der Zeit gefallen scheint, so strahlt sie Ruhe und Gelassenheit aus – und eine betont altmodische Haltung, die aus der Überzeugung genährt wird, nicht jedem Zeitgeistwind hinterherzulaufen.

Was das Besondere der Schaumburg'schen Bücherwelt ausmache? Heide Koller-Duwe zögert keinen Moment: das historische Ambiente natürlich und die Möglichkeit, einen solchen Raum mit allen Sinnen zu erleben. Man spürt in diesem Moment, wie gefasst man sich, bei aller erforderlichen ökonomischen Wachsamkeit, den Notwendigkeiten der Zeit stellen kann, wenn man weiß, dass auch die Vorfahren Durststrecken zu überwinden hatten. Wie etwa Ende der 1970er-Jahre, als das Gebiet des Regierungsbezirks Stade dem Regierungsbezirk Lüneburg zugeordnet wurde und viele Familien mit kulturellen Interessen die Stadt verließen. Der Umbruch damals wurde gemeistert, und so fehlt es den Koller-Duwes nicht an Zuversicht, mit künftigen Umbrüchen zurechtzukommen. Und auch nicht an Humor und Selbstironie – hilfreiche Eigenschaften, die offenbar auch ihr Ahne Heinrich Bremer besaß. Von Kunden gefragt, was es nach dem Weihnachtsgeschäft überhaupt zu tun gebe, pflegte er mit Unschuldsmiene zu antworten: »Tscha. Morgens fangen wir Fliegen, und nachmittags wird es schon schlechter.«

Stephan Samtleben, Elisabeth Röttsches und Heide Koller-Duwe sind ganz unterschiedliche Charaktere, und sie haben in ihren Buchhandlungen ganz unterschiedliche Rahmenbedingungen. Worüber sie alle verfügen, ist das Gespür für die Bedürfnisse ihrer Kundschaft. Ja, da gibt es diejenigen, die seit Jahr und Tag kommen und ihre Bücher nie andernorts bestellen. Doch dann gibt es die Laufkundschaft, die Neuhinzugezogenen, die zum ersten Mal einen Schritt in die heiligen Hallen machen und die in Sekundenschnelle überzeugt werden müssen, von der Darbietung des Sortiments und vom Auftritt des Buchhändlers.

Ich selbst bin übrigens ein ganz einfacher Kunde. Sobald ich eine Buchhandlung betrete und es nicht eilig habe, möchte ich in Ruhe gelassen und nicht mit einem vorschnellen »Kann ich Ihnen helfen?« behelligt werden. Die Buchhändlerin, der Buchhändler möge mir zur Begrüßung einen freundlich-dezenten Blick zuwerfen, fast so, als habe er mich erwartet, er möge Distanz zu mir halten und so tun, als würde sie, als würde er mir blind vertrauen, und mich nicht weiter beachten. Gleichzeitig muss sie, muss er innerlich vor Anspannung bersten und geistig auf der

Lauer sein. Denn ich als ganz einfach gestrickter Kunde lechze von seiner Sekunde auf die andere danach, angesprochen und mit Rat und Tat versorgt zu werden. Das müssen Buchhändler, die mich dauerhaft in ihren Räumlichkeiten sehen wollen, intuitiv spüren und genau den richtigen Moment der Ansprache abpassen. Danach hat sich ein zwangloses, von wechselseitiger Wertschätzung geprägtes Gespräch zu ergeben, in dem der Buchhändler, am besten ohne seinen Computer zu konsultieren, seine Kompetenz unaufdringlich unter Beweis stellt und alle meine Fragen nach längst vergriffenen Ausgaben zu beantworten vermag. Unaufdringlich wohlgemerkt, denn nichts ist mir verhasster, als auf einen Buchhändler zu treffen, der mir zu verstehen gibt, dass er im Grunde auf einen Germanistiklehrstuhl hätte berufen werden müssen, alle professionellen Literaturkritiker für Kretins hält und allein in der Lage ist, die – meist sehr schlechte – Qualität der aktuellen Literatur zu beurteilen.

Das will ich nicht, deswegen betrete ich keinen Buchladen, und deswegen hat mich in den 1990er-Jahren die Berliner Autorenbuchhandlung, die damals ihren Sitz in der Carmerstraße hatte, prompt als Kunden verloren. Denn wann immer ich in diesen – fein sortierten – Laden trat, ausnahmsweise kein Verlangen nach Guillaume Apollinaire, Helmut Heißenbüttel oder Virginia Woolf verspürte und stattdessen gern einen schlichten Unterhaltungsroman erstanden hätte, traf mich der Bannstrahl der hoch intellektuellen Verkäuferschaft, die mich nicht direkt mit Worten abstrafte, aber mir Blicke voll tiefer Verachtung zuwarf, als hätte ich nach preisgünstigen kinderpornografischen Schriften verlangt. Das war mir zu viel; ich zog von dannen, kaufte meine Bücher fortan im Stadtteil Friedenau, in Wolff's Bücherei. Heute übrigens geht es in der Autorenbuchhandlung unter anderer Leitung natürlich ganz anders, viel lockerer zu. Ihren Sitz hat sie am S-Bahn-Eingang Savignyplatz, und sie hat mich, wenn ich denn in Berlin bin, als Kunden zurückgewonnen.

Da lobe ich mir im Rückblick die Buchhandlung meines Vertrauens in meiner Tübinger Studentenzeit. Neben Osiander und Gastl wurde das schnell die etwas abseits der üblichen Laufwege gelegene Buchhandlung in der Gartenstraße. Das Inhaberpaar teilte sich auf in *ihn* – einen gebildeten Mann mit Künstlermähne und Hakennase, der gelegentlich einfließen ließ, bei Adorno gehört zu haben – und in *sie*, eine pragmatische, normal frisierte Frau, die sofort wusste, womit sie mir weiterhelfen konnte, und vermutlich nicht bei Adorno gehört hatte.

Brachte man Zeit mit, so war es lehrreich, sich mit ihm auf verwickelte Diskurse einzulassen, die der französischen Gegenwartsphilosophie galten oder einen auf vergessene Meister der Belletristik hinwiesen. Einer davon wurde von Franz Greno verlegt, begann mit dem Buchstaben »M« und war und ist so vergessen, dass ich seinen Namen leider längst wieder vergessen habe bzw. hatte.[1] Gespräche

1 Erst nach aufwendigen Internetrecherchen konnte ich meinem Gedächtnis auf die Sprünge helfen: Es handelte sich wohl um den 1999 verstorbenen Pressburger Schriftsteller Alfred Marnau, dessen Romantrilogie *Die Mitwirkenden* seinerzeit von Greno neu aufgelegt wurde.

mit ihm brauchten Zeit; sein Redefluss nahm Versuche, diesen zu unterbrechen, nicht wahr, und so blieb ich als höflicher Mensch oft sehr lange in den Räumen seiner Buchhandlung. Ging es nur darum, schnell ein bestelltes Buch abzuholen, war es ratsam, sich in einem günstigen Moment ihr anzuvertrauen. Sie spürte, was einen umtrieb, und erledigte den Verkaufsvorgang zügig. Immerhin verstanden es beide – und gerade das gehört zu ihrem Handwerk –, einen vom Kauf eines Buches zu überzeugen, dessen Kauf man zuvor nicht einmal im Entferntesten in Betracht gezogen hatte. So bin ich seit diesen Tagen Besitzer des Reprints von Rudolf Krauß' *Schwäbischer Literaturgeschichte* – eines Leinenbandes, der damals meinem Geldbeutel ihn komplett überfordernde 80 Mark abverlangte. Zu Hause erntete ich für diese Anschaffung kritische Blicke.

Von Buchhändlerinnen und Buchhändlern – das ist überdeutlich – wird sehr viel verlangt. Neben fachlicher Kompetenz benötigen sie ein Sozialverhalten, das sich auf ihre oft anspruchsvolle Kundschaft einzustellen vermag. Gewiss, auch Busfahrer, Gebrauchtwagenhändler und Marktfrauen müssen sich auf ihre Gegenüber einstellen, mit allerlei Merkwürdigkeiten rechnen und manchmal erst erspüren, welche Erwartungen ihre Kundschaft mitbringt.

So kann es einer erfahrenen Fleischereifachverkäuferin passieren, dass sie auf einen Kunden trifft, der ein bestimmtes Stück vom Rind begehrt, aber dessen Namen nicht kennt. Da ist es erforderlich, dass sich die einfühlsame Fleischereifachverkäuferin fragend heranpirscht und sich beispielsweise nach der beabsichtigten Zubereitungsart erkundigt. Soll das Teil kurzgebraten, gesotten oder geschmort werden? Es bedarf also einiger Umwege, bis das Kundengespräch zur beidseitigen Zufriedenheit ausfällt und sich herauskristallisiert, dass beim Kunden am Wochenende ein schöner Tafelspitz auf den Esstisch kommen soll.

Dennoch will ich behaupten, dass im Buchhandel – abgesehen von jenen großen baumarktähnlichen Ladengeschäften, wo Beratung ein Fremdwort ist und der einzige Kundenkontakt an der Kasse entsteht – besondere Herausforderungen lauern. Wie viele Weideochsenregionen es geben mag: Gegen das, was das Buchhandelssortiment bietet, ist kein Kraut gewachsen. Hunderttausende von Titeln sind lieferbar, in verschiedensten Ausgaben, von den vergriffenen, nach denen ein Kunde verlangt, ganz zu schweigen – ein unübersehbares Meer von Fischschwärmen, die selbst der Findigste nicht alle zu bestimmen weiß. Kein Problem, wenn die Kundschaft weiß, was sie will, wenn sie den Laden betritt und mit klarer Ansage an die Sortimenterin herantritt und Autorname nebst Titel exakt artikuliert. Das ist ein leichter Fall – und leider nicht der Regelfall. Denn oft genug ist der Kaufwillige hilflos, weiß zwar, dass er diesen oder jenen Roman erstehen möchte und dass in selbigem dieses oder jenes geschieht, das Cover irgendein Tier zeigt und der Verfassernachname mit einem »A« oder womöglich mit einem »E« beginnt …

Was darauf folgt, gehört zum Anekdotenschatz aller erfahrenen Buchhändler: das mühsame Sich-Herantasten an das Objekt der Begierde, das umso mühsamer ausfällt, je origineller Autor und Titel klingen. In diesen Momenten des Arbeitsalltags braucht es gute, sehr gute Nerven, um im gemeinsamen, den Kunden nicht bloßstellenden Diskurs herauszubekommen, um welches Werk es sich handeln könnte. Situationen vergleichbar mit denen, die früher in Schallplattenläden herrschten, wenn unmusikalische Kunden unverständliche Anfangszeilen eines ihnen namentlich unbekannten Liedes zu summen begannen und es für eine Selbstverständlichkeit hielten, dass der Verkäufer nach den ersten Takten erkennen würde, dass es sich nur um die neue Single von Jennifer Rush oder Simon & Garfunkel handeln konnte.

Gérard Otremba hat vor einigen Jahren in seinen charmanten Erinnerungen *Die geheimen Aufzeichnungen des Buchhändlers* und *Ein weiterer Tag im Leben des Buchhändlers* eindringliche Beispiele verworrener Kundengespräche wiedergegeben. Peter Høegs eigentümlich betitelter Bestseller *Fräulein Smillas Gespür für Schnee* etwa ging nicht allen Kunden flott über die Lippen, und so hatte Buchhändler Otremba, ohne mit der Wimper zu zucken, folgende Varianten zu verkraften: »*Frau Müllers Gefühl für den Winter. – Fräulein Müller und der weiße Schnee. – Alice Millers Spuren im Schnee. – Frauke Smilla riecht den Schnee. – Frl. Smeralda im Schnee. – Von Smile: Schnee vom letzten Jahr. –*

Frl. X. weiß, wann der Schnee kommt. – Frl. Sillias und ihre Vorliebe für Schnee. – Frl. Smillas Beziehung im weißen Schnee. – Frl. Smillas Gebühr für Schnee. – Das Schneegestöber von Frau Müller. – Frl. Smillas Gespür für Trost.«

Peter Høegs Schneebuch ist natürlich kein Einzelfall. Auch Nicholas Evans' *Der Pferdeflüsterer* schuf Komplikationen und tauchte, so Otremba, im Handel als »Pferdegesundbeter«, »Flüsterreiter«, »Fensterflüsterer«, »Pfefferflüsterer« oder »Pferdeschnüffler« auf, wohingegen Robert Schneiders *Schlafes Bruder* kreativ in »Schwaches Bruder«, »Bruder Schlaflos« und »Schlafes Pulver« umgetauft wurde. Fast jede Saison bietet Potenzial für solchen Titelsalat, der vom angesprochenen Buchhändler geradezu detektivische Qualitäten verlangt. In letzter Zeit dürfte Jonas Jonassons *Der Hundertjährige, der aus dem Fenster sprang und verschwand* für Abschweifungen gesorgt haben, die es mit Fräulein Smilla und dem Schnee aufnehmen können. Recht besehen scheint es möglich, dass selbst einfach scheinende Fälle wie Bernhard Schlinks Roman *Olga* nicht zu einem klaren Bestellvorgang führen und Buchhändler erst herausfinden müssen, was mit dem Wunsch Burghart Schlanks *Die Orgel* gemeint sein könnte.

Bei aller Konfusion, die kaufwillige Kunden bisweilen an den Tag legen, darf man in der Regel davon ausgehen, dass diejenigen, die eine Buchhandlung betreten, dies im Bewusstsein tun, eine Buchhandlung zu betreten. Doch selbst das ist nicht immer gewährleistet, wie Reiner Scherz in seiner Sammlung *Gibt's hier auch Bücher? Kuriose Anekdoten eines Buchhändlers* ausführt. Eindrücklich schildert er, wie eine Kundin den Laden betrat, sich unsicher eine Weile umsah und dann die umwerfende Frage »Ist das hier der Geflügelladen?« stellte. Selbst wenn man ins Kalkül zieht, dass Geflügelläden im letzten Vierteljahrhundert seltener geworden sind, möchte man zu gerne wissen, wie es im Kopf dieser nach einem Suppenhuhn suchenden und mit Martin-Walser-Taschenbüchern konfrontierten Dame ausgesehen haben mag.

Man sieht, es wird viel erwartet und verlangt im Handel. Mit der simplen Formel »Mein Name ist Yvonne Pfleiderer, was kann ich für Sie tun?« ist da nichts auszurichten. Buchhändlerinnen und Buchhändler sind Seelsorger, Müllschlucker, Auskunftgeber, Literaturexperten, Spürnasen und Psychologen, die keine Miene verziehen dürfen, wenn Kunden sich nicht davon abbringen lassen, im Gespräch aus einer »Rezension« hartnäckig eine »Rezession« zu machen und so mit ihrer Dämlichkeit zugleich Zukunftsängste zu schüren.

Kommen wir zu einem letzten Punkt dieses Kapitels, zu einem heiklen Thema. Kommen wir zur Erotik im Buchhandel. Es ist bekannt, dass überall dort, wo Menschen miteinander zu tun haben, Erotisches im Spiel ist, mal offen, mal verdeckt. Warum kaufen wir lieber bei diesem Bäcker als bei jenem? Warum strebe ich an der Supermarktkasse dank meiner vorausschauenden emotionalen Intelligenz lieber jene Kasse an als diese? Vielleicht weil mich dort ein Lächeln, ein Zuzwinkern erwartet, dass es beim anderen Bäcker, an der anderen Kasse nicht gäbe? Wo solche Elemente des dezent Sinnlichen mitschwingen, da steigt der Umsatz – das ist wissenschaftlich erwiesen. Und so wissen die Inhaber von Buchhandlungen meist recht genau, welches Personal sie wo platzieren, welche Buchhändlerin dank ihres ausgeprägten Charmes an Samstagvormittagen für den größten Umsatz sorgen wird. An diesem Vorteil des klassischen Sortiments beißt sich der Internethandel bis heute die Zähne aus – wie raffiniert Amazon es versuchen mag, mich beim Öffnen seiner Homepage zu begrüßen. Der erotische Faktor tendiert da weiterhin gegen Null.

Wusste, denke ich mir heute, meine Urbuchhändlerin Carmen Tabler seinerzeit nicht genau, wie sie auf ihre männliche Kundschaft (und darunter unbedarfte Gymnasiasten) wirkte? Offen zugegeben hätte sie es vermutlich nicht, denn in einer politisch geprägten Buchhandlung durften solche schlichten Argumente keine Rolle spielen. Auch heute muss mit Vorsicht agiert werden, um nicht in den Dunstkreis des Sexismus zu geraten. Machen wir uns aber nichts vor: »Sex sells«, diese Wahrheit, die mitgeholfen hat, Bücher von Michel Houellebecq und Charlotte Roche nach oben zu spülen, gilt wohldosiert für fast jedes Kundengespräch. Gab es da vor vielen Jahren nicht in der Innenstadtfiliale einer Hamburger Buchhandelskette eine schwarzhaarige Verkäuferin, von der alteingesessene Buchenthusiasten noch heute sprechen? Eine selbstbewusste, strahlend lächelnde junge Frau, die sich vor Kunden nicht retten konnte, vor Männern, die geschickt um sie herumstrichen und, wie ich damals bei Carmen Tabler, den entscheidenden Moment abpassten, an dem die Schwarzhaarige ausnahmsweise in kein Gespräch verstrickt war? Dann galt es, sich ihr flugs zu nähern und in eine ausführliche Unterredung zu treten, die – anderes wäre bei ihr nicht gegangen – allerdings zu einem üppigen Einkauf führen musste. Ja, dachte da wohl mancher Kunde, sie hat nur Augen für mich, möchte im Grunde nur mich bedienen … Alles, so erzählt man sich, hätte man jener Buchhändlerin abgekauft, jener Säuslerin, die jeden Reclam-Band so anzupreisen verstand, als handelte es sich um die tollkühnste neue Kamasutra-Einführung. Ja, wenn man das Gespräch nur in die Länge zog, ließ man sich von ihr alle vorrätigen Ausgaben von den *Leiden des jungen Werthers* oder von *Kabale und Liebe* zeigen und beschreiben, selbst wenn man keinen Schimmer davon hatte, was das Wort »Kabale« genau bedeutete …

So werden Buchhandlungen zu erotisch knisternden Orten – wenngleich mit geschlechtsspezifisch ungerechter Verteilung. Denn es ist nicht abzustreiten, dass im Sortiment weitaus mehr Frauen als Männer arbeiten – so wie manche literarische Formen, der Roman zum Beispiel, von mehr Frauen als Männern konsumiert werden. Wenn wir also davon ausgehen, dass gleichgeschlechtliche Beziehungen zumindest auch in den kommenden Jahren nicht so häufig wie gemischtgeschlechtliche sein werden, müssen beziehungsoffene Frauen, die eine Buchhandlung betreten, um auf einen sympathischen Buchhändler zu treffen, weiterhin damit leben, dass sie nach der Nadel im Heuhaufen suchen. Attraktive, kluge Männer verstärkt auszubilden, die mühelos über die neuen Bücher von Dora Heldt, Carmen Korn oder Anne Holt parlieren können, das könnte die ohnehin dominierende weibliche Kundschaft noch stärker an den lokalen Einzelhandel binden. In dieser Hinsicht gibt es viel zu tun.

Die Möglichkeiten, kurzzeitige oder dauerhafte Beziehungen zwischen Reclam- und Gräfe-und-Unzer-Regalen herzustellen, sind auf jeden Fall größer, als man gemeinhin denkt. Der einsame Kunde hofft, der Buchhändlerin endlich nahezukommen. Kollege und Kollegin geraten, wie in der Stader Buchhandlung Schaumburg, nicht nur in beruflichen Austausch. Und andernorts führt der Lesehunger angehender Autoren dazu, dass die bevorzugte Buchhändlerin mehr als eine bevorzugte Buchhändlerin wird. Andreas Maier, einst Stammgast in der Friedberger Buchhandlung Bindernagel, hat davon ein Lied gesungen: »Im Sommer 1983 verliebte ich mich in die Tochter des Buchhändlers. Meine erste große Liebe. (…) Meine Liebe zur Tochter endete mit der notwendigen Portion Schmerz. Schmerz ist sowieso die beste, vielleicht die einzige Voraussetzung fürs Schreiben. Nicht, dass man über den Schmerz schreiben sollte. Das bringt meistens gar nichts. Aber er sollte immer so schön halbsublimiert im Hintergrund rumquengeln, dieser Schmerz. Dann wird es meistens recht gut. So wurde die Tochter zur Muse meines Lebens. Heute leitet sie die Buchhandlung.«

Ach ja und nicht zuletzt: Obgleich es heute angesagt ist, neue Bekanntschaften vor allem übers Internet zu machen und sich chatweise anzunähern, so raten wir Bindungswilligen dringend dazu, gelegentlich eine gute Buchhandlung aufzusuchen. Denn es soll vorkommen, dass sich beim zufälligen Gespräch über den neuen Kehlmann oder die neue Zeh zwischen Kunden etwas anbahnt, was mit den Auslösern gar nichts mehr zu tun hat. Mitunter entsteht, wie Felicitas Hoppe es festgehalten hat, etwas von der Literatur ganz Losgelöstes: »Nichts Schöneres, als auf gut Glück einzukaufen, mit fünfzig Prozent garantierter Enttäuschung. Ich halte mich an die Glücksprozente, seit ich jenen Mann bei den Weltkarten traf, der Australien nicht finden konnte. Ich fand es auch nicht. Wir entschieden uns für ein anderes Land und verließen das Kaufhaus gemeinsam.«

3

WIE SIEHT DIE IDEALE BUCHHANDLUNG AUS?

Natürlich gehen da die Geschmäcker auseinander. Wie eine perfekte Buchhandlung auszusehen hat, lässt sich nicht eindeutig sagen. Sie kann klitzeklein sein, sie kann sich über mehrere Stockwerke ziehen, sie mag eine Ausgeburt schwäbischen Ordnungssinnes sei oder das intellektuell unorthodoxe, ja vielleicht konfuse Innenleben seiner Besitzer widerspiegeln und keinem System folgen. Das alles kann Besucher anziehen, sofern nur ein Hauch von Esprit zu spüren, sofern nur zu sehen ist, dass die Einrichtung nicht nach Schema F oder nach scheinbar unumstößlichen Marketingstrategien erfolgte. Obwohl also das Attribut »ideal« schwer zu konkretisieren ist, will ich einen Versuch unternehmen und ein paar Forderungen an einen Handel richten, der den Verkauf von Büchern nicht mit dem Verkauf von Socken im Fünferpack gleichsetzt.

Eine Buchhandlung ist ein auratischer Ort – oder sagen wir wenigstens: ein ungewöhnlicher, auffälliger Ort, das lasse ich mir nicht nehmen. Jahrelang habe ich früher als Verlagsleiter in Sonntagsreden daran festgehalten, dass die Ladenpreisbindung zu den letzten hehren Gütern Deutschlands zu zählen und unbedingt zu schützen sei, um die Kulturproduktion im Land zu garantieren und das Überleben der Branche zu sichern. Nie habe ich in diesem Zusammenhang erwähnt, dass damit auch schlechte Vampirromane, Peter Hahnes weltanschauliche Betrachtungen, Susanne Fröhlichs Werke und der Ratgeber *Wie pflege ich mein Meerschweinchen?* zwangsläufig in die Kategorie der kulturellen Errungenschaften eingeordnet werden …

Wie auch immer: Eine Buchhandlung ist kein Drogeriediscounter und keine Billigboutique. Hier werden Bücher verkauft, geistige Erzeugnisse, die – von den eben genannten einmal abgesehen – bis weit in die Urgründe der Geschichte zurückreichen. Als Gewährsmann sei Franz Beckenbauer zitiert, der lange Zeit ohnehin als Gewährsmann für alles und nichts herhalten musste: »Ich habe gerade *Sofies Welt* gelesen, diesen dicken philosophischen Schinken. Sokrates, Platon, Aristoteles – diese Leute haben sich vor zweitausend Jahren Gedanken gemacht, da sind wir noch auf den Bäumen gesessen und haben uns vor den Wildschweinen gefürchtet. Seither haben sich nur ganz wenige weiterentwickelt.« Aus dieser Erkenntnis folgt, dass Buchhandlungen irgendwie den Eindruck machen sollten, als hätten sie entfernt mit Aristoteles, Platon oder zumindest *Sofies Welt* zu tun. Und daraus folgt auch:

Eine Buchhandlung hat nicht auszusehen wie eine Weltbild-Filiale, wo es »Schnäppchen bis zu 80%«, einen »Dekokranz ›Rose‹ mit LED-Kerze« für 9,99 Euro, ein Dreierset »Keks-Ausstecher ›Kreativ‹« für 3,95 Euro und Exklusiv-Liebesromane im Doppelpack wie Susan Mallerys *Stadt, Mann, Kuss – Ich fühle was, was du nicht siehst* für

8,99 Euro (»Sie sparen 55%«) gibt. Susan Mallery ist übrigens eine Bestsellerautorin, die, sagt mir Wikipedia, »more than 150 heartwarming and humorous novels about the relationships that define women's lives — family, friendship, romance« geschrieben hat. Schön, dass wir das nun wissen, werden sich manche Frauen sagen.

Der von ästhetischen Überlegungen zumindest im Ansatz berührte Buchhändler hat seine Dekoration nach dem fast immer richtigen Leitsatz »Weniger ist mehr« auszurichten. Schaufenster müssen nicht übergarniert wie Grillplatten in Restaurants der neuen Bundesländer einherkommen. Als abschreckendes Beispiel sei ein Optiker angeführt, dessen Geschäft sich in der Nähe meiner zweiten Hamburger Wohnung befand und der eine Freundin hatte, die Innenarchitektur, Design oder irgendetwas aus dieser Schießklasse gelernt haben musste und seitdem Brillengestelle auf Gartengeräte, Schlittschuhe oder Angelgeräte aufspießte. Modernen Schnickschnack dieser Art lehne ich ab und meide deshalb Buchhandlungen, die ihr Pizza-und-Pasta-Fenster überbordend mit Kochtöpfen, Olivenöl, Länderfähnchen, Sophia-Loren- oder Pizza-Postern, Adriano-Celentano-Schallplatten und Juventus-Turin-Mannschaftsfotos schmücken.

Nicht immer nämlich ist es unübersichtliche Opulenz, die Passanten anlockt. Understatement und Schlichtheit bewirken da oft mehr. Als der Freiburger Buchhändler Schwarz zur Eröffnung einlud, lag im Schaufenster nur Thomas Bernhards Roman *Auslöschung*, in zehn Exemplaren. Und als ich in der Buchhandlung Goltsteinstraße in

Köln meine Übersetzung von Pierre Bosts Roman *Bankrott* vorstellte, zog sich über eine Schaufensterfront in großen Lettern das Wort BANKROTT – eine kecke Werbemaßnahme, die dazu führte, dass besorgte Kunden das Schlimmste befürchteten und den Laden stürmten … Vermutlich hat deren Erleichterung darüber, dass der Buchladen ihres Vertrauens nicht vor dem Aus stehe, für Spontankäufe gesorgt. In Bosts Roman ist die Hauptfigur übrigens ein Zuckerfabrikant, der nach und nach seine Firma und sich selbst ruiniert.

Im Eingangsbereich möchte ich in Versuchung geführt und nicht an die Endlichkeit des gedruckten Buches erinnert werden. Folglich verbittert mich der Anblick des sogenannten modernen Antiquariats. Betrete ich frohgestimmt einen Ort intellektueller Auseinandersetzungen, will ich nicht sofort über Ramsch- und Billigbücher stolpern, die nur gekauft werden, weil sie ramschig und billig sind. Was nicht heißen soll, dass ich zwei Meter hinter der Türschwelle nur Klopstock-Ausgaben sehen möchte. Man muss nicht übertreiben.

Möchte ich Post und Newsletter von meinem Buchhändler bekommen? Vor ein paar Jahren hätte ich diese Frage vehement verneint, weil es ich es generell ablehne, von irgendjemandem ungefragt behelligt zu werden, vor allem von Versicherungen oder Finanzanbietern. Mittlerweile bin ich großzügiger geworden und akzeptiere, wenn Buchhändlerinnen mich auf exquisite Lesungen elektronisch hinweisen und mich so vor Versäumnissen bewahren. Wie das im Konkreten gehandhabt wird, ist je nach

Naturell ganz unterschiedlich. Es gibt weiterhin Sortimenter, die beim Wort »Newsletter« an ein neues Angebot der Post denken und die gar nicht wüssten, wem sie einen solchen schicken sollten. Andere sind mit ihren Kunden ganz selbstverständlich via WhatsApp verbunden und nutzen Facebook, Instagram und Twitter, als hätten sie das auf der Buchhändlerschule gelernt.

Abonniert bin ich immerhin, das gebe ich zu, auf einen Spezialservice der Buchhandlung *Die Schatulle* im niedersächsischen Osterholz-Scharmbeck, die 2017 zu einer der drei besten Buchhandlungen Deutschlands gekürt wurde. Ihre Betreiberinnen, die unverwechselbaren Schwestern Ute und Sabine Gartmann, kamen auf die Idee, Handyvideos zu produzieren und auf ihrer Homepage bzw. auf YouTube einzustellen. Diese »Donnerstag-Filme«, »DoFis« genannt, zeigen die Schwestern im lockeren Dialog über Neuerscheinungen. Länger als sechzig Sekunden dauert keiner dieser unkonventionellen Werbeclips, und sie wirken so überzeugend, weil die Akteurinnen erst gar nicht versuchen, staatstragend aufzutreten.

Ach ja, fast hätte ich es vergessen: Es muss in einer ordentlichen Buchhandlung Ordnung herrschen, anders als in Drogerie- oder Papierwarenläden, die nur zu meiner Verwirrung beitragen. Belletristik da, Sachbuch da, Taschenbuch dort, die dekorativen Bildbände hinten, und alles schön alphabetisch eingereiht, wiewohl ich weiß, dass die Beherrschung des ABCs nicht mehr allenthalben vorausgesetzt werden kann. So stelle ich mir die Welt vor, wissend, dass eine solche Ordnungsliebe nicht jedermanns

Sache ist und aus dem Chaos oft ein größerer Reiz erwächst. Es fehlt nicht an Gegenbeispielen. Was heißt, dass nicht in jeder ordentlichen Buchhandlung Ordnung herrschen muss …

In den 1980er-Jahren residierte in der Stuttgarter Königstraße die Weise'sche Hofbuchhandlung, die mich allein ihres Namens wegen ansprach. Was das Ordnungssystem im Hause Weise anging, herrschte dort – höflich gesagt – ein gewisses *Laissez-faire*, von dem ich profitiert habe. Damals begann ich mich ausführlicher mit dem Werk des Stuttgarter Schriftstellers Hermann Lenz zu befassen und suchte nach Erstausgaben seiner Werke. Von 1961 bis 1973 verlegte der Kölner Hegner Verlag Lenz' Romane, und da man es bei Weise offenkundig ablehnte, einmal in den Laden gelassene Bücher wieder zurückzugeben oder in den Keller zu räumen, traute ich meinen Augen nicht, als ich im Erdgeschoss, zentral gelegen, auf Lenz'sche Erstausgaben stieß, die allem Augenschein nach über zwanzig Jahre am selben Platz ruhten, eingeschlagen in dünnes hellgraues durchscheinendes Papier und, bis ich kam, offenbar von keiner Menschenhand berührt oder gar ausgepackt. So gelangten die Erstausgaben von *Spiegelhütte* und *Andere Tage* in meinen Besitz, was mich zwar beglückte, doch schon damals in mir die Frage aufwarf, ob derartige Geschäftspraktiken dem Überleben eines Unternehmens wirklich dienlich sein könnten.

Überhaupt scheint ausgerechnet Stuttgart ein Hort des Unkonventionellen gewesen zu sein. Geradezu legendären Ruf genießt bis heute Wendelin Niedlich – der

Mann heißt wirklich so –, der von den frühen 1960er-Jahren bis 1998 in der Schmalen Straße eine sehr spezielle Buchhandlung betrieb. Niedlich verknüpfte Literatur und Politik, öffnete seine Räumlichkeiten für die Avantgarde um Max Bense und Helmut Heißenbüttel und zog unweigerlich Menschen an, die sich selbst für Avantgarde hielten. Von herkömmlichen, leicht verständlichen Angebotsanordnungen hielt Niedlich herzlich wenig; der Schriftsteller Otto Marchi beschrieb das Vorgefundene als »wohlgeordnetes Chaos, das sowohl Jandl- und Mayröcker-Gassen, eine Achternbusch-Pyramide, eine Brecht-Chaussee, ein Enzensberger-Hochhaus als auch einen Joyce-Turm und ein Robert-Walser-Gebirge beinhaltete, das alles überragte«.

Niedlich organisierte in seinem Laden Kunstausstellungen und opponierte über sein Schaufenster bei der Bundestagswahl 1980 lautstark gegen den Kandidaten Franz Josef Strauß. Hermann Lenz, der keineswegs als Avantgarde galt, besuchte als neugieriger Mensch übrigens Lesungen bei Niedlich. In seinen autobiografischen Eugen-Rapp-Romanen erzählt er davon. Der Buchhändler Niedlich erhielt – wer kann das von seinen Kollegen schon für sich beanspruchen? – Festschriften, und 2005 widmete ihm das Literaturhaus Stuttgart gar eine Ausstellung.

Kommen wir zum Non-Book, ein Wort, das Wendelin Niedlich allenfalls mit Hohnlachen in den Mund genommen hätte. Höchstens dem Angebot der in Hamburg-Ottensen beheimateten Buchhandlung Christiansen, 2014 mit dem Hamburger Buchhandlungspreis ausgezeichnet, hätte er vielleicht etwas abgewonnen. Denn bei Christiansens gibt es einen sehr speziellen Non-Book-Bereich: Regelmäßig können sich wärmebedürftige Kunden mit luftgetrocknetem Kaminholz aus Mecklenburg eindecken, das – dies für Interessenten als Info – eine Restfeuchte von unter 20% aufweist. Die Preise sind reell: Der 60-Liter-Sack Buche oder Eiche kostet 9 Euro, während für den 45-Liter-Sack Birke oder Espe 6 Euro zu berappen sind. Die Rahmenbedingungen sind unmissverständlich: »Ab 4 Sack Anlieferung frei Haus im Bezirk Altona, geringere Mengen mit 5 Euro Kostenbeitrag. Die Anlieferung erfolgt ebenerdig. Transport in höhere Etagen nur im 45-Liter-Sack auf Anfrage und nach Preisabsprache.«

Es ist seit langem nichts Ungewöhnliches, dass im Buchhandel nicht allein mit Büchern gehandelt wird. Um neue Kunden anzulocken und neue Umsätze zu generieren, wurde das Sortiment erweitert – zuerst um Gegenstände, die eine Nähe zum Themenfeld Lesen und Schreiben aufweisen. Postkarten mit mehr oder minder originellen Motiven, Schreibgeräte, Briefpapier und Notizbücher (es müssen ja nicht immer die Produkte der Firmen Moleskine oder Paperblanks sein) gehören zum selbstverständlichen Angebot, und wer Kinder- und Jugendbücher verkauft, verkauft dazu gern die Merchandising-Produkte rund um

Pippi Langstrumpf, Räuber Hotzenplotz, Harry Potter oder Die drei ???. Bei Fußballgroßereignissen gibt es neben der Fachliteratur Schlüsselanhänger-Bälle, Kartenspiele oder Devotionalien der deutschen Nationalelf zu kaufen.

Beim Non-Book sind der Fantasie kaum Grenzen gesetzt, mit allen Risiken und Nebenwirkungen, und Verlage wie Coppenrath und Kosmos werden nicht müde, Buchentferntes in den Handel einzuschleusen. Mancherorts braucht es eine gewisse Findigkeit, um sich durch all die Regale und Schütten voller Krimskrams bis hin zu den Büchern vorzuarbeiten. Nicht alle Buchhändler und ihre Dekorateure sind geschmackssicher, und so gibt es Läden, die wie Kik-Geschäfte oder 1-Euro-Läden aussehen und leichten Ekel hervorrufen. Empfindsame Leserinnen und Leser wird man damit nicht anlocken. Die haben andere Präferenzen, wie es Annette Pehnt in ihrer Lobrede auf ihren Haus-und-Hof-Buchhändler Schwarz in Freiburg ausführt: »Ansonsten gibt es keinerlei Ramsch, keine Geschenkdosen oder Schlüsselanhänger, keine Plüschtierchen, keine Hintergrundbeschallung. Ab und zu steht mal ein Korb Äpfel neben der Theke, den Samowar hat er wieder abgeschafft. Denn in dieser Buchhandlung wird nicht gekuschelt und gekruschtelt, alles ist absolut spinnweben- und therapiefrei.«

Beim Non-Book gibt es Naheliegendes und nicht ganz so Naheliegendes. Dass vielerorts Wein angeboten wird, verwundert nicht – gibt es doch zwischen Literatur und Alkohol enge Verbindungen, bei Schreibenden wie bei Lesenden. Vom Schriftsteller Ernst Jünger, der das stolze

Alter von 102 Jahren erreichte, ist beispielsweise überliefert, dass er jeden Tag eine Flasche Rotwein geleert habe. Nachahmer seien allerdings darauf hingewiesen, dass Jünger gleichzeitig allmorgendlich ein kaltes Wannenbad nahm und sich im Seilspringen perfektionierte. Er zählt auch, wie Tobias Wimbauer berichtete, zu den wenigen Autoren, die ein Weinetikett gestalteten. Einen 1985er Château Vignelaure versah er mit einem handschriftlichen Text: »Nie mehr werde ich die geliebte Provence durchqueren ohne einen Abstecher zum Château Vignelaure. Dort wächst ein Wein, der Prosa zum Gedicht erheben kann. Ernst Jünger.« In Werkverzeichnissen Jüngers taucht diese Publikation bis heute bedauerlicherweise nicht auf.

Auch in der Freiburger Buchhandlung Zum Wetzstein, der lange der soignierte Thomas Bader vorstand und die nach seinem Tod nun von seiner Frau Susanne geführt wird, hat sich Wein in das erlesene Ambiente eingeschlichen, und als von einem Österreichurlaub zurückgekehrte Kunden Thomas Bader einst baten, er möge zum Anbieter der delikaten Konfitüren der Firma Staud werden, ließ sich dieser das nicht zweimal sagen und stellte Wiener Marillenmarmelade zwischen die Eilenbergers, Hürlimanns und Bolaños. Wem das an Exzentrik nicht ausreicht, der hält sich bei Wetzstein an die rundlichen Gläser mit Marmite, diesem in England so beliebten, hierzulande eher umstrittenen Hefeaufstrich. Bis zu dreißig Marmite-Liebhaber decken sich im Weihnachtsgeschäft manchmal damit ein, und der eine oder andere von ihnen dürfte gleich Alan Bennetts *Die souveräne Leserin*, diese Hommage an die zur

Literatur findende Königin Elisabeth II., oder Jane Gardams *Old-Filth*-Trilogie hinzugekauft haben – was könnte man anglophilen Zeitgenossen Besseres verehren? Passend zum Firmennamen gibt es für den ganz unmetaphorischen Gebrauch zudem Wetzsteine (»pierre à aiguiser artificielle«) zum Preis von zehn Euro zu erwerben. Einer davon ruht seit langem auf meinem Büroschreibtisch.

Keinen direkten Zusammenhang zwischen Firmennamen und Non-Book-Angebot gibt es bei Osiander in dessen Tübinger Filiale auf dem Holzmarkt. Dort nämlich besteht seit Mai 2018 die Möglichkeit, sich abzukühlen – und zwar nicht allein durch die Lektüre von Karen Duves *Regenroman* oder Christoph Ransmayrs *Die Schrecken des Eises und der Finsternis.* 1,30 Euro muss man investieren und erhält eine Kugel Eiscreme, gefertigt vom zweifachen Eisweltmeister Giovanni L., den Osiander als Franchiseunternehmer gewonnen hat. Vorsorglich weist man am Holzmarkt darauf hin, dass der Verkauf des »gelato de luxe« über eine »Theke nach draußen« stattfindet. Das wäre ja noch schöner, wenn es plötzlich erlaubt wäre, mit einer tropfenden Tüte Coconut-Kiss-Eis in verlagsneuen Bildbänden zu blättern. Irgendwo in Deutschland, vermute ich, gibt es wohl bereits eine Buchhandlung, die Currywurst mit Pommes anbietet, über eine »Theke nach draußen«, versteht sich. Giovanni L. hat weltweit über zweihundert Standorte, darunter welche in Saudi-Arabien. So weit ist der expandierende Filialist Osiander noch nicht.

Wenn wir schon bei speziellen Zusatzgeschäften sind, lohnt es sich, einen Blick nach Nürnberg zu werfen. Platzhirsch ist dort das Buchhaus Campe, das seit 2004 zur Thalia-Gruppe gehört. Es wird von Sabine Janßen geführt, doch dass Campe aus dem Einerlei der Thalia-Ladengeschäfte herausragt, hat auch viel mit ihrem Vorgänger Hans Schmidt zu tun. Dieser verabschiedete sich 2015 in den Ruhestand und ist weiterhin als einer der originellsten (und erfolgreichsten) Vertreter seiner Zunft in Erinnerung – Grund genug, ihn und seine Ideen hier festzuhalten.

Normalerweise hält sich mein Interesse für Gipsbüsten von Geistesgrößen in Grenzen. Zwei jedoch stehen seit Jahr und Tag in meinem Arbeitszimmer: eine – ganz in Rot – zeigt Friedrich Schiller und stammt aus dem Hause Reclam, die andere – ganz in Weiß – den Verleger und Buchhändler Friedrich Campe. Überreicht hat sie mir 1999 dessen Nachfolger Hans Schmidt, der damals den 222. Geburtstag Campes im Nürnberger Buchhaus Campe feierte. Wir arbeiteten seinerzeit für denselben Arbeitgeber, die Ganske-Verlagsgruppe, und ich wunderte mich nur kurze Zeit darüber, warum sich dieser Mann so wenig um runde Jubiläen scherte.

Hans Schmidt war stets ein unverwechselbarer Kopf in dieser Branche. Schon äußerlich passt der fest im Fränkischen Verankerte nicht in die Riege der gestriegelten Buchmanager, die man ebenso gut bei Modediscountern oder im Automobilhandel unterbringen könnte. Mit seinem langen, graumeliert-krausen Haar, das er oft zu einem Zopf zusammenbindet, fällt Schmidt auf – doch nicht deswegen war er Hecht im Karpfenteich, sondern weil er eine durch alle Fasern seines Körpers gehende Leidenschaft ausstrahlt, eine Leidenschaft, Strategien zu entwickeln, die »sein« Buchhaus Campe zu einem immer wieder neu zu entdeckenden Anziehungspunkt machten.

Der gelernte Schreiner kam nach Stationen im kirchlichen Büchereiwesen und als Buchhändler in Forchheim und Kronach 1990 nach Nürnberg, um das Buchhaus Campe aufzubauen und zu leiten. »Ein Haus für Menschen, die Bücher lieben« – das wollte er bieten, und um das zu erreichen, kreierte er zusammen mit seiner Arbeits- und Lebenspartnerin Sabine Gauditz permanent neue Ideen, die sich nicht damit begnügten, eingeführte Rezepte der Konkurrenz abzukupfern. So genießen die Weihnachtsdekorationen bei Campe legendären Ruf, und so suchte er das für ihn magische Dreieck »Raum – Sortiment – Mitarbeiter« zu optimieren. »Wenn's alle machen, mach' ich es anders«, lautete eine von Schmidts Maximen. Davon ließ sich der 2012 vom *BuchMarkt* zum Buchhändler des Jahres gewählte Schmidt nie abbringen, auch nicht als das Buchhaus Campe an die Thalia-Gruppe verkauft wurde – ein Schock für viele, die befürchteten, ihr vertrautes Sortiment verlöre fortan sein eigenständiges Profil und würde im Ketteneinerlei untergehen. Schmidt überwand damals alle Widerstände und führte die inzwischen 3.600 m^2 umfassende Buchhandlung an die Spitze des Thalia-Umsatzrankings. Mitarbeiter müssten, wie er es ganz altmodisch sagte, »Glanz in den Augen« haben, denn nur dann spiegele sich der später in den Augen der Kunden wider.

Es war und ist mir eine Freude, mich mit Hans Schmidt zu unterhalten – gleichgültig, ob es um den Buchhandel oder seine ungebrochene Reiselust (fünf Wochen China!) geht. Als er sein Campe-Büro in der Nürnberger Karolinenstraße räumte, verabschiedete er sich keineswegs in den Ruhestand. Mit seiner 2001 gegründeten Firma Arte Perfectum bewegen Sabine Gauditz und er weiterhin viel, nicht nur in Nürnberg. Und die Bücher verliert Hans Schmidt, dieser so angenehm Unorthodoxe, mit Sicherheit nie aus den Augen. Als Zwölfjährigem fiel ihm Rudolf Adolphs Werk *Liebhabereien mit Büchern* in die Hände, das Kompendium eines bibliophilen Journalisten mit dem bezeichnenden Untertitel »Ein Handbuch als Hohe Schule für alle, die mit Büchern umgehen«. Liest man nach, was Adolph seinerzeit im Kapitel »Lob des Buchhändlers« schrieb, scheint man mit einem Mal zu verstehen, was Hans Schmidt zeitlebens antrieb: »Denn wenigen Berufen eröffnet sich der Mensch so wie dem Buchhändler. Er muss es natürlich verstehen, den Käufer richtig zu behandeln. Richtige Menschenbehandlung ist die elementarste Voraussetzung für diesen Beruf, damit er für alle Beteiligten fruchtbar sei.«

Für eine Thalia-Buchhandlung ist ein breites Non-Book-Angebot eine Selbstverständlichkeit. Wo jedoch an manchen Standorten eine gewisse Lieblosigkeit waltet, nutzt man in Nürnberg seine großzügige Fläche auf drei Etagen. Um den Eindruck unübersichtlicher Quadratmeter zu vermeiden, ist sie geschickt in Oasen und Nischen unterteilt. Sitzelemente, wohin das Auge blickt, abgetrennte Inseln der Ruhe, ein »Kids Club« mit Rutsche, ein Esoterikbereich mit Polstern, die sich um eine große, beruhigend rotierende

Wasserkugel gruppieren – überall Refugien, die das Gefühl zerstreuen sollen, sich in einem unterkühlten Megastore aufzuhalten. Breite Gänge führen zu den Segmenten, breit genug, um selbst limousinenartige Kinderwagen bequem abzustellen und Müttern – lesenden Frauen! – den Einkaufsbummel nicht zur Strapaze zu machen.

Klares Licht durchflutet die Filiale, und selbst an einem eher ruhigen Werktag ist offensichtlich, dass die Campe-Kunden dieses weitläufige Areal und seine kleinteilige Struktur annehmen. Allenthalben machen es sich Leserinnen und Leser bequem, stöbern ohne Hektik in Neuerscheinungen, als säßen sie auf ihrem häuslichen Sofa. Eine junge, offenbar frankophile Frau mit Rucksack versinkt in einem Sessel und hat sich von einer Buchhändlerin mit potenziell geeigneter Literatur versorgen lassen, die sich nun auf einem Beistelltisch stapelt: Fred Vargas, Anna Gavalda, Jean-Christophe Grangé. Mit einem aufmunternden »Und … ist etwas dabei?« erkundigt sich die Campe-Mitarbeiterin nach dem Wohlergehen ihrer Kundin, ohne deren Schmökerlaune zu stören.

Bücher bekommt man fast überall, und so versuchte und versucht man bei Campe, Besonderes zu schaffen, die Etagen mit optisch auffälligen »Faszinationspunkten« zu bestücken. Wer sich in die Kochbuchabteilung begibt, kann seinen Einkaufskorb zusätzlich mit Käsereiben und Gewürzmischungen füllen. Wer im – immer wichtiger werdenden – »English Bookshop« nach Dan Brown oder John Banville im Original sucht, stößt unweigerlich auf eine Auswahl echter englischer Butterkekse. Dort werden Duftseifen angeboten, hier Papeteriewaren; in der medizinischen Abteilung, wo sich studentische Lehrbücher und klinische Wörterbücher türmen, darf ein weiß poliertes Skelett in Originalgröße nicht fehlen, das auf den Namen Stan hört und für 195 Euro zu haben ist – zumindest bei meinem letzten Besuch. Sein Hersteller verspricht, dass die spezielle Montage des Brustkorbs besondere Stabilität verleihe. Der Non-Book-Bereich eröffnet, wie man sieht, viele Möglichkeiten.

Nicht zuletzt: Wer Bücher kauft, muss sie nach Hause tragen, und da mancher in der Hektik des häuslichen Aufbruchs vergisst, eine Papiertüte oder, wenn wir Österreicher sind, ein Sackerl mitzunehmen, gehören Einkaufsbeutel selbstverständlich zum Non-Book-Bereich, ohne groß als Non-Book aufzufallen. »Geht das so, oder brauchen Sie eine Tüte?«, lautet die Standardfrage, und da sich die Kritik am übermäßigen Gebrauch von Plastiktüten häuft, tut man gut daran, sein Sortiment in dieser Hinsicht umzustellen, sich – wie sagt man heute oft? – nachhaltige Alternativen auszudenken und die hauseigene Baumwoll- oder Jutetasche zum Kauf anzubieten, die, wenn sie denn gefällig aussieht, zum Werbeträger werden kann.

Hamburgs Buchhandlung Heymann hat sich so für einen roten Beutel entschieden, der von weitem gut sichtbar ist. Mehr Aufwand betreibt Daunt Books in London, die es einem glücklichen Zufall verdanken, dass ihre Taschen längst mehr sind als ein bloßes Aufbewahrungsutensil. 2008 kam der Durchbruch. Damals wurde Anouck Lepère, das belgische Starmodel, zusammen mit ihrem Verlobten Jefferson Hack, dem Vater von Kate Moss' Tochter Lila Grace, vor den Tuilerien in Paris fotografiert. Lepère, die Kampagnen von Shiseido, Hugo Boss und Chanel das Gesicht gegeben hatte, trug dabei keine teure Designerhandtasche, sondern einen grün-weißen Leinenbeutel, eine *canvas bag*, die die Fassade der Buchhandlung zeigt. Jede Frau kann ihn für zehn Pfund bei Daunt Books in der Londoner Marylebone High Street erstehen. Dank Madame Lepère galt die ökologisch einwandfrei produzierte Tasche fortan als Mode-Ikone und wird über das Internet von Interessenten aus allen Kontinenten geordert. Als Alternative gibt es bei Daunt Books inzwischen eine leichte *cotton bag* (für fünf Pfund) und in vier verschiedenen Farben eine *children's bag* (für sieben Pfund).

Brett Wolstencroft, der das Flaggschiff der Londoner Daunt-Books-Läden leitet, erzählt mit Amüsement vom Kultstatus, den die Stoffbeutel auf diese Weise erlangt haben. Immer wieder schicken Kunden Fotos, die sie mit den Leinenbeuteln in der australischen Wüste oder vor nepalesischen Bergen zeigen. Eine Tasche geht um die Welt – ein Werbeeffekt, an den man bei Daunt Books keinen Gedanken verschwendet hatte, als es vor ein paar Jahren darum ging, den Verbrauch von Plastiktüten einzudämmen und gleichzeitig ein wiedererkennbares, nicht zu kostspieliges Marketinginstrument zu kreieren. Der Überraschungscoup, den man mit den Einkaufstaschen landete, zog nicht nur in der Modewelt Kreise. Auch das beeindruckende Käsefachgeschäft La Fromagerie in der nahe gelegenen Moxon Street beglückt seine Kunden seit einiger Zeit mit grauen Tragebeuteln, auf denen die Silhouette einer gutgebauten Kuh zu sehen ist. Sie werden vom Hersteller der Daunt-Books-Taschen gefertigt und als »perfectly sized for a light shopping day – a bottle of wine, some cheese & a baguette« angepriesen.

Verweilen wir noch ein wenig in der Marylebone High Street, denn Daunt Books zählt sicher zu den attraktivsten Buchläden in Europa. »Daunt Books for Travellers« hieß das erste Geschäft 1990, und obwohl man den Firmennamen später verkürzte, hat sich am Reiseschwerpunkt, an der »Seele« des Unternehmens, wenig geändert. Wer sich zum ersten Mal durch den braunen Holztorbogen ins Innere der Buchhandlung windet, braucht eine Weile, um sich zurechtzufinden und ins Herzstück vorzudringen. Der vordere Bereich ist der allgemeinen Belletristik, dem Kinderbuch und Geschenkartikeln vorbehalten, ein wohldurchdachter Reigen, der keinen elitären Anspruch vertritt und dennoch aus den – wie es Gründer James Daunt einmal formulierte – viel zu vielen schlechten Büchern eine penible Auswahl trifft. Gewisse Moden ignoriert man, und so wird man Vertreter der werbewirksamen Gattung »Misery Memoirs« zwischen den Romanen Julian Barnes' oder Anne Tylers vergeblich suchen.

Die Mitarbeiter im Stammgeschäft haben den Überblick über mehr als dreißigtausend Titel zu behalten, von denen das sich auf drei Etagen verteilende Reisesegment einen Großteil ausmacht. Dieses ist – so der geniale Grundgedanke – auf originelle Weise strukturiert. Es nimmt, so wie es auch Altaïr in Barcelona tut, die Reisenden in ihren Bedürfnissen ernst. Der Hinweis »Through to Books Arranged by Country« verrät, dass Belletristik, Reiseführer und Kulturgeschichte unter dem jeweiligen Länderstichwort vereint sind. Wer also nach Österreich fahren möchte, kann sich einerseits mit den einschlägigen Heurigenratgebern oder Wörterbüchern eindecken und gleichzeitig fiktionale Begleitung – von Thomas Bernhard, Elfriede Jelinek oder Robert Menasse – mit ins Gepäck nehmen. Während das Erdgeschoss Europa gewidmet ist, bleibt die Galerie für Großbritannien und Irland reserviert. Im weiträumigen Untergeschoss schließlich breitet sich der »rest of the world« aus, von Montana bis Indien, das man beispielsweise mit Übersetzungen von Hermann Hesses *Siddharta* kennenlernen kann.

Das genreübergreifende Konzept von Daunt Books erlaubt es den Besuchern, sich immer wieder neu inspirieren zu lassen, von Liebesromanen zu einem Bretagne-Führer für Fahrradtouristen zu schweifen und so eine Entdeckung nach der anderen zu machen. Auf der Galerie besteht zudem die Möglichkeit, in antiquarischen Reisebüchern zu stöbern, zum Beispiel in längst vergriffenen Titel wie Malcolm Letts' *A Wayfarer on the Rhine* aus dem Jahr 1930. Die Räumlichkeit mit ihrer gediegenen Einrichtung trägt viel dazu bei, dass die Kunden gerne und lange in der Buchhandlung verweilen. William-Morris-Wandtapeten im Eingangsbereich sind eine Attraktion, eine andere die Eichenregale im Reisebereich mit seiner entzückenden Empore, deren dichte hölzerne Balustrade den Eindruck vermittelt, man habe soeben den Lesesaal einer kleinen Universitätsbibliothek betreten. Von einem Glasdach dringt reichlich Tageslicht nach innen. Korbsessel laden dazu ein, die Fundstücke genauer unter die Lupe zu nehmen: Ein Mann im gesetzten Alter rührte sich bei meinem letzten Besuch zwei Stunden nicht vom Fleck und schien die Absicht zu haben, Truman Capotes *Unspoiled Monsters* in einem Zug zu lesen. Ein vernünftiger Gedanke, denn draußen schneite es.

Manche Entwicklungen haben sich günstig auf die Daunt-Geschäfte ausgewirkt. Dank der preiswerten Zug- und Flugangebote reisen die Menschen mehr als früher, und gerade junge Leute sind daran interessiert, sich ihre Ziele nicht nur mit Internetinformationen zu erschließen. Auch die Zunahme von Übersetzungen aus anderen Sprachen führt dazu, dass mehr und mehr kosmopolitische Neugier entfacht wird – und befriedigt werden will. Und nicht zuletzt hat der unaufhaltsame Zuspruch für Kriminalromane, die häufig Lokalkolorit einfließen lassen, dafür gesorgt, dass man die Präsentation neuer Detektivliteratur gut auf den Reisefokus beziehen kann. Fred Vargas' Paris, Jean-Claude Izzos Marseille, James Ellroys Los Angeles oder Donna Leons Venedig, damit öffnet sich der Zugang zur Welt – und zur Literatur.

»Eine gute Buchhandlung muss widerspiegeln, was ihre Kunden wollen«, betont Wolstencroft, und es schade nichts, diesen meist anspruchsvollen Kunden zu sagen, dass man sich glücklich schätze, wenn sie Bücher bei Daunt kaufen. So kurz und bündig lassen sich zukunftsträchtige Geschäftsmodelle in Worte fassen. Auch ich preise mich glücklich, als ich mich ins Café gegenüber setze und aus der Distanz noch einmal dieses so typisch englische Gebäude betrachte. Neben mir liegt, selbstverständlich, eine grün-weiße Daunt-Tasche.

Wer also beim Einkauf in Castrop-Rauxel oder Lüneburg Understatement an den Tag legen möchte, ist gut beraten, den samstäglichen Gang zum Markt mit einer solchen Tasche in der Hand zu erledigen. Als Alternative könnte man auf die breiter geschnittenen, weißroten oder weißbraunen Produkte der Librairie Galignani in Paris zurückgreifen. Auch diese mit farbigen Henkeln versehenen Tragetaschen glänzen durch Zurückhaltung und sind lediglich mit der Adresse »224 Rue de Rivoli Paris 1er« und den Arkaden an den Tuilerien, hinter denen die feine Buchhandlung liegt, bedruckt. Online kann man sie nicht erwerben, aber es ist sowieso lohnend, dieses Schmuckstück unter den vielen herausragenden Pariser Buchhandlungen persönlich aufzusuchen. Schauen wir uns dieses ein bisschen genauer an …

In der Rue de Rivoli residiert Galignani seit 1856. Die Anfänge reichen indes weiter zurück, bis in das Jahr 1801. Wenige Jahre zuvor hatte der bei Brescia geborene Giovanni Antonio Galignani – Abkömmling einer großen Verleger- und Druckerfamilie, deren Produktion sich bis in das Jahr 1520 zurückverfolgen lässt – seine Heimat verlassen, um in England, wo er die Tochter eines Druckers heiratete, sein Glück zu suchen. Von dort zog es ihn nach Paris, wo er, damals noch in der Rue de Vivenne, seine Verlegertätigkeit fortsetzte sowie eine Buchhandlung und ein Lektürekabinett eröffnete, das sich der englischen Literatur verschrieb. Dass Galignani damit Neuland betrat, lässt sich noch heute beim Betreten der Buchhandlung ablesen: Eine Relieftafel verkündet in Großbuchstaben stolz, welchen extravaganten Ort man aufsucht: »The first English bookshop established on the Continent«. Andere, wie Brentano's und Shakespeare and Company, folgten in Paris nach, doch den ersten Schritt taten die Galignanis.

Früh avancierte dieser Ort nicht nur zu einer Anlaufstelle für alle in Paris ansässigen Briten. Stendhal erinnert sich in seinen *Souvenirs d'égotisme*, wie er sich Anfang der 1820er-Jahre im Galignani-Garten englische Zeitungen und mehrere Romane Walter Scotts zu Gemüte führte. Besondere Aufmerksamkeit erzielten die Galignanis, als sie 1814 eine englische Tageszeitung gründeten, den *Galignani's Messenger*. Das bis 1890 unter diesem Namen existierende Blatt genoss weltweites Renommee; zu seinen Redakteuren zählte der englische Romancier William Thackeray. Einer der kreativen Galignani-Coups bestand darin, dass man – von internationalen Copyrightbestimmungen war damals noch keine Rede – ein Exemplar des englischen Titels nach Frankreich brachte, diesen in beträchtlicher Stückzahl nachdruckte und zu einem deutlich niedrigeren Preis vertrieb – ein Piratenakt, der die Verlegerkollegen in Großbritannien empörte, zumal die französischen Galignani-Ausgaben alsbald den Rückweg über den Ärmelkanal antraten.

Bis heute befindet sich die Buchhandlung in Familienbesitz. Der 1937 geborene Antoine Jeancourt-Galignani steht an ihrer Spitze, ein angesehener Finanzmann, der bis 2001 als Direktor einer Versicherungsgruppe amtierte und sich seitdem der ererbten Bücherleidenschaft hingibt. Am Schwerpunkt des Sortiments, das seine Buchhandlung charakterisiert, hat sich nichts geändert. Galignani zeichnet sich weiterhin durch eine überbordend beeindruckende Vielfalt an englischsprachigen Titeln aus. Obwohl man seit einiger Zeit dazu übergegangen ist, bei der Präsentation der Bücher und Themen keine strikte Sprachentrennung durchzuhalten, weisen in der Mitte des langgestreckten Raums zwei Schilder mit dem Aufdruck *English Department* unmissverständlich auf das Eigentümliche dieser Institution hin. Rund vierzig Prozent der etwa fünfzigtausend vorrätigen Titel gehören diesem Bereich an, und der Fundus der englischen und amerikanischen Literatur macht selbstverständlich das aus, was die vorwiegend anglophile Kundschaft erwartet. Der hintere Bereich mündet in einer Treppe, die zu einer Empore führt, wo *Crime and Mystery*, *Science Fiction* und *Fantasy* die Regale bis zum Bersten füllen. Eines der beiden den Raumeindruck prägenden Glasdächer gibt dort den Blick auf einen typischen Pariser Innenhof frei: eine grauweiße Hausfassade, schlanke Kaminschlote und ein schmales Stück Himmel darüber.

Verhaltene Eleganz bestimmt das Galignani-Interieur: dunkelbraune Regale, deren oberste Bretter man mit schwarzen Holzleitern erreicht, hellbraunes Parkett im französischen Fischgrätmuster und ein ausgeklügeltes Lichtsystem, das im Zusammenspiel mit dem gelbweißen Anstrich jede düstere Anmutung vertreibt. Vertieft wird diese einladende Atmosphäre von Reminiszenzen an die Firmengeschichte: da die Büste des Gründers, dort die Fotografie seiner Söhne Anthony und William und verblichene Exemplare des *Messenger*, der einst zum Preis von acht oder zehn Sous verkauft wurde. Und plötzlich an einem Durchgang ein gerahmtes Foto, das eine junge, auffällig gekleidete Frau vor den Galignani-Schaufenstern zeigt. Was es damit auf sich hat, weiß einer der etwa zwanzig Mitarbeiter umgehend zu erhellen: Karl Lagerfeld, ein treuer Kunde, hat diese Aufnahme eines Mannequins gemacht und der Buchhandlung überlassen.

Dass Prominenz wie Modezar Lagerfeld an der Rue de Rivoli verkehrt, gehört zum Ruf von Galignani. Die bevorzugte Lage und das internationale Flair sorgen seit jeher dafür, dass Schauspieler, Sänger und Politiker hier ein und aus gehen – Kunden, die es zu schätzen wissen, dass sie bei Galignani Diskretion erwartet. Nur gelegentlich ließ Antoine Jeancourt-Galignani in Interviews durchblicken, wer alles seinem Geschäft die Ehre erweist. Isabelle Adjani und Bernadette Chirac gehören neben dem Buchliebhaber Lagerfeld dazu – und Mick Jagger, der eine Vorliebe für Shakespeare habe.

Dass sich neben Schriftstellern regelmäßig Architekten, Designer und Couturiers einfinden, hat damit zu tun, dass man bei Galignani seit Jahrzehnten neben der englischen

Literatur das *International Fine Arts Department* pflegt. Es macht rund dreißig Prozent des Gesamtumsatzes aus und schüttet neben einer reichhaltigen Zeitschriftenauswahl ein wahres Füllhorn an zum Teil hochpreisigen Bildbänden und Monografien selbst zu entlegenen Themen aus. Da darüber hinaus auch fündig wird, wer nach aktueller Belletristik sucht, Kinder beschenken oder seine kulinarischen Kenntnisse erweitern will – ich entscheide mich bei einem meiner letzten Besuche spontan, zum Senfspezialisten zu werden, und erwerbe Sonia Ezgulians in der Farbe von Colman's Mustard gehaltenes Bändchen *La moutarde: dix façons de la préparer* –, verweilt man zwischen den Galignani-Tischen und -Regalen länger, als man es vorhatte, und spürt deren Anziehungskraft.

Die Geschäftsführerin Danielle Cillien-Sabatier, eine in Luxemburg geborene Journalistin, die im April 2009 ihre langjährige Vorgängerin Marie Piccard beerbte, weiß, dass das internationale Ambiente und der ein wenig mondäne »Reiz des Ortes« allein nicht ausreichen, um das Niveau zu halten. Opulente Schaufensterdekorationen und die großen, themenbezogenen Literaturabende genießen gleichfalls legendäres Ansehen. »Zu Galignani zu gehen«, erklärt sie gelassen, »ist, wie im Ritz seinen Tee zu nehmen, anstatt einen Tea-to-go zu kaufen.« Und Cillien-Sabatier und ihr Team sind bekannt dafür, ungewöhnlichste Wünsche zu erfüllen, in allen Recherchemethoden bewandert zu sein und über einen vorzüglichen Bestell- und Lieferservice zu verfügen. Eine Dienstleistungskompetenz, die sich mir gleich erschließt, als ich Zeuge werde, wie sich eine ältere

Dame nach Bibel-Übersetzungen erkundigt und von einem der soignierten Mitarbeiter detailliert mit Informationen versorgt wird. In Sekundenschnelle liegen drei, vier Neuausgaben vor der Kundin, und es steht zu erwarten, dass sie das Geschäft nicht mit leeren Händen verlassen wird.

In Danielle Cillien-Sabatiers kleinem Büro schließlich vermischen sich Tradition und Gegenwart aufs Schönste. Obschon man einen Großteil des Archivs der Bibliothèque Nationale vermacht hat, pflegt man eine kleine Präsenzbibliothek dessen, was die Galignani-Historie ausmacht: ein paar Drucke aus der italienischen Zeit der Verleger-Familie, Aboquittungen des *Messenger* (ausgestellt etwa für den Marquis de La Fayette) und nicht zuletzt eine besondere Kostbarkeit, ein altes, in rotes Leder eingeschlagenes Gästebuch der Buchhandlung, das sich wie ein Who's who der kulturellen Elite der letzten einhundert Jahre liest. Wo immer man dieses Dokument aufschlägt, stößt man auf vertraute Namen: Ernest Hemingway (»with all best wishes from an old client«), Julien Green (»heureux de retrouver la Librairie Galignani«), Jean Marais, Bertrand Russell, Simone de Beauvoir, Marguerite Yourcenar (»à l'une des grandes librairies européennes de Paris«), Raymond Queneau, Humphrey Bogart, Jules Dassin, Orson Welles oder Marlene Dietrich (»Merci!«), die man jahrelang in ihrem Refugium in der Avenue Montaigne mit Lektüre versorgte.

Zu Marcel Prousts frühen Freundinnen zählte Antoinette Faure, Tochter des späteren französischen Staatspräsidenten Félix Faure, die 1886 den jungen Marcel dazu aufforderte, einer Mode jener Zeit zu folgen und Fragen nach seinen Vorlieben und Abneigungen zu beantworten. Proust kam dem nach und nannte als seine »idea of happiness« seinerzeit: »All die um mich zu haben, die ich liebe, dazu den Zauber der Natur, eine Menge Bücher und Partituren, nicht fern von einem französischen Theater«. Dieser *Questionnaire* füllte eine Seite eines Lederbändchens mit dem Titel *Confessions. An Album to Record Thoughts, Feelings …* Keine Frage, wo Antoinette Faures Gouvernante diese Art Poesiealbum erstand, bei Galignani in der Rue de Rivoli natürlich, wo man Derartiges importierte. 2003 wechselte das denkwürdige Album übrigens seinen Besitzer. Der Modehausbesitzer Gérard Darel erwarb es für stattliche 120.000 Euro.

Galignanis Leinentaschen sind deutlich preiswerter.

4

EINE REISE VON PORTO NACH MAASTRICHT ÜBER WIEN BIS BRÜSSEL

Daunt Books in London und die Librairie Galignani in Paris – das sind zwei Beispiele dafür, wie Buchhandlungen durch ein bestechendes Konzept, eine außergewöhnliche Innenarchitektur oder ein exquisites Sortiment zu faszinieren wissen. Es gibt allein auf Europa bezogen eine Vielzahl solcher Trouvaillen, die für jeden Bibliophilen Orte der Verführung sind und selbst buchresistente Urlauber zum Nachdenken bringen. Bei meinen Reisen versage ich es mir nie, alle freien Minuten zu nutzen, diese verlockenden Stätten aufzusuchen und neue zu entdecken. Sie müssen nicht in klassizistischen Gebäuden untergebracht sein oder als puristische Tempel der Moderne auftreten, um Reiz zu entfalten. Atmosphäre kann fast überall entstehen. Und doch gibt es Buchhandlungen – wie die genannten in Paris und London –, die als touristische Anziehungspunkte gelten und wie Konzerthäuser oder Kathedralen gezielt angesteuert werden. Einige dieser Fixsterne habe ich im Lauf der Jahre kennengelernt, und von ein paar will ich erzählen.

Es kommt selten vor, dass selbst in handlichen Reiseführern Buchhandlungen eigens aufgeführt und mit einem »Sehenswert«-Sternchen ausgezeichnet werden. In Porto ist das so, wo es nicht nur Portwein in den Kellereien am Douro zu kosten und nicht nur Gustave Eiffels schmiedeeiserne Ponte Marie Pia zu bewundern gibt. Porto ist auch die Stadt mit einer der markantesten Buchhandlungen weltweit, der Livreria Lello, die seit 2013 ein *Monument of Public Interest* ist, also unter Denkmalschutz steht. In der Rua das Carmelitas, unweit der Clérigos-Kirche mit ihrem auffälligen Turm gelegen, zählt sie zu den Touristenmagneten – was freilich zu unerfreulichen Begleiterscheinungen führt. Denn wer sich in Ruhe den Büchern oder der Inneneinrichtung zuwenden will, darf sich über lautstarke Gespräche, Selfiestangen oder Rempler nicht wundern. Da macht es sich eine kinderreiche Familie aus Frankreich bequem, da stürzt ein Schweizer Ehepaar in den Laden und beginnt, die Buchhändler und die Auslagen ignorierend, ohne Zögern ein fotografisches Blitzlichtfeuer abzubrennen.

Bei Lello weiß man um die Schönheit des Ortes und um das Renommee, das dieser genießt. Bis in das Jahr 1869 reicht dessen Geschichte zurück, damals, als der Franzose Ernesto Chardron in der Rua dos Clérigos eine Buchhandlung eröffnete, die in den 1890er-Jahren in den Besitz zweier Lello-Brüder überging. Im Januar 1906 zog man in die Rua dos Carmelitas 144, in ein Haus aus hellem Stein, das der Ingenieur Francisco Xavier Esteves eigens dafür hatte bauen lassen und das mit Pomp und vielen illustren Gästen, manche davon eigens aus Lissabon angereist, eingeweiht wurde. Die neogotische Fassade des Gebäudes – an einigen Stellen ist mittlerweile Putz abgefallen – sticht mit ihren Bordüren, Pilastern und schlanken Turmspitzen ins Auge. Über dem bogenförmigen Eingang prangt der Schriftzug Lello & Irmão, eingegrenzt durch zwei bunte, von José Bielman gefertigte Wandallegorien, die die Kunst und die Wissenschaft darstellen. Darunter zieht sich über den Schaufenstern horizontal ein steinerner Spitzenbesatz, der die Nachbarhäuser als grobschlächtige Zweckbauten erscheinen lässt.

Doch der Reiz dieser von Art-déco-Elementen bestimmten Außenansicht bildet nur den Auftakt einer einmaligen Buchexkursion: Kaum ist man – in respektvoller Haltung – über die Schwelle geschritten, hält man unwillkürlich den Atem an. Braungolden ziehen sich dicht gefüllte Regalwände bis zur Decke, unterbrochen von Nischen, die Platz für Dichterbüsten bieten, und Wandreliefs zur Linken und zur Rechten, die die Brüder Antonio und José Lello zeigen. Sie umranken den auffälligsten Anziehungspunkt, den die Livraria Lello zu bieten hat: eine knallrot lackierte Schmucktreppe, die sich auf halber Höhe teilt und in die Galerie im ersten Stock führt. Aus unterschiedlichsten Ornamenten setzt sich die geschnitzte Decke zusammen, die den Blick freigibt auf ein großformatiges, gläsernes Oberlicht. Eine angenehme Helligkeit geht von ihm aus und sorgt für ein Wechselspiel des Lichts, das wunderbar mit den warmen Holztönen und den pyramidenförmigen Balustradenlampen harmoniert und dem Treppenlack zusätzlichen Glanz verleiht. Über allem wacht ein Schmied in der Fenstermitte, der mit nacktem Oberkörper seinen Hammer kreisen lässt und das Firmenmotto »Decus in labore« versinnbildlicht.

Dass man, wie der Wahlspruch nahelegt, in der Arbeit Würde finde, lässt sich an diesem Ort gut nachvollziehen. Doch Schönheit allein genügt nicht, um das Überleben einer Buchhandlung zu sichern. Immer wieder hat man sie auf die Bedürfnisse des modernen Handels neu ausgerichtet, und erst vor kurzem wurde die *Catedral do Livro* innen und außen kostspielig restauriert.

Ein Museum ist, zum Glück, aus dieser Buchhandlung dadurch nicht geworden, obschon sich in den Glasvitrinen oberhalb der offenen Regale alte Bestände der eigenen Verlagsproduktion ansammeln. Auf den mit Zierelementen versehenen Holztischen und lederbezogenen Hockern breitet sich ein üppiges Sortiment aus, das den internationalen Charakter der Buchhandlung herausstreicht. Natürlich dominieren die Ausgaben portugiesischer Autoren; an Titeln von Fernando Pessoa oder José Saramago besteht kein Mangel. Doch daneben stößt man auf eine breite Fülle politischer und zeitgeschichtlicher Titel. Ein gutbestücktes Lyrikregal fehlt ebenso wenig, und auch die deutschsprachige Literatur ist vertreten, etwa mit Übersetzungen von Günter Grass' *Die Box* oder Robert Walsers *Geschwister Tanner*. Bildbände, die provenzalische Fayencen erläutern oder sich aparten Themen wie *Understanding Bird Behaviour* widmen, geleiten den Besucher – nirgendwo ist Treppensteigen schöner! – hinauf in die Galerie, wo man auf Sesseln Platz nehmen und den Blick ungeniert (und ungestörter als im Entree) schweifen lassen kann.

Vor allem wissenschaftliche Literatur wird auf der Galerie gezeigt, aber auch halb vergessene Titel, denen – wie einer *Agenda sportif 98/99* – offenbar niemand die Daseinsberechtigung absprechen möchte. Eine überschaubare Musikalienabteilung schließt sich an, eingerahmt von Zeugnissen bekannter portugiesischer Schriftsteller, die in Briefen ihre Verbundenheit mit der Buchhandlung zum Ausdruck brachten – darunter ein Schreiben des Romanciers Aquilino Ribeiro, dessen Reisetagebuch *Alemanha Ensanguentada* 1997 unter dem Titel *Deutschland 1920. Eine Reise von Portugal nach Berlin und Mecklenburg* auch auf Deutsch erschien.

Nicht nur intensiver Kaffeegeruch und zurückhaltende Hintergrundmusik – sind das nicht alte Songs von Barbra Streisand? – ziehen durch die Galerie. Nein, die Lello-Vielfalt erstreckt sich auch auf edle Parfümerieangebote. Männern, die sich nicht zum Lektürekauf entschließen können, wird die Gelegenheit gegeben, sich mit Rasierschaum einzudecken, und die ortsansässige Edelmanufaktur Claus beliefert Lello mit handgefertigten Seifen, deren verführerisches Flieder- oder Limonenodeur sich angenehm über diese Ecke der Buchhandlung legt. Eingepackt in altmodisches, mit Jugendstilmotiven verziertes Papier, wirken die Claus-Seifenstücke so, als ob sie seit jeher zum Inventar von Lello & Irmão gehörten. Ein Regalbrett gegenüber ist mit Porzellanfiguren bestückt, und dort, wo ein Whiskey-Führer auf einen trinkfesten Käufer wartet, steht – als sei sie zufällig abgestellt worden – eine verstaubte Weinflasche, deren Etikett den Namen José Lello trägt und auf kostbaren Inhalt verweist, auf einen Rotwein aus der Douro-Region, Jahrgang 1890.

Langsam muss man die vielbeschrittene Treppe hinunterschreiten, kein Wunder, dass auf einigen Stufen der Lack abzubröckeln begann. Ich bleibe auf halber Höhe stehen und schwanke, welches Einrichtungsmotiv ich mir besonders einprägen und welchen Treppenabgang – rechts oder links? – ich nehmen soll. Das Schweizer Ehepaar hat mittlerweile genügend Fotos geschossen und schickt sich an, die nächste Sehenswürdigkeit Portos zu attackieren. Ein Buch haben die beiden nicht gekauft, doch vor der Kasse halten sie inne und staunen darüber, dass es die schönsten Ansichten dieser Buchhandlung als Postkartenset und Kartenspiel zu erwerben gibt. Wäre das nicht eine Überlegung wert? Ja, vielleicht hätte man gleich ein paar Ansichtskarten erstehen sollen und sich nicht dem Fotografieren, sondern den Romanen von José Maria Eça de Queiroz oder António Lobo Antunes widmen sollen.

Schönheit und Popularität haben ihren Preis. Und so konnte man sich bei Lello zwar darüber freuen, eine Sehenswürdigkeit zu sein, doch der Umsatz entwickelte sich keineswegs erfreulich. Der Zustrom nahm zu, als durchsickerte, dass die *Harry-Potter*-Autorin Joanne K. Rowling Anfang der 1990er-Jahre in Porto gelebt hatte, Kundin der Livraria Lello war und für ihren Weltbestseller auf diese Eindrücke zurückgegriffen haben soll. Die Einrichtung der Buchhandlung Flourish & Blotts im Romanzyklus scheint das zu bestätigen, während sich andere sofort an die große Treppe in der Hogwarts-Schule für Hexerei und Zauberei erinnert fühlten. Das sprach sich herum. Websites rieten Harry-Potter-Fans dazu, sich nach Porto aufzumachen, und so bildeten sich allmählich lange Schlangen vor der Buchhandlung. Der Umsatz stagnierte trotzdem; 2015 drohte gar die Insolvenz. Man sann auf Abhilfe und kam auf die sehr ungewöhnliche, anfangs sogar intern umstrittene Idee, Eintritt zu nehmen. Fünf Euro hat seitdem jeder für ein Voucher zu entrichten, der die Livraria Lello betreten möchte – ein Beitrag, der auf einen Buchkauf angerechnet wird. Das Ergebnis ließ sich sehen: Der Umsatz versiebenfachte sich innerhalb von drei Jahren, und verkaufte man 2015 50.000 Bücher im Jahr, waren es 2017 auf einmal 280.000. Im Durchschnitt kommen tagtäglich 4.000 Menschen zu Lello, in den Sommermonaten sind es noch einmal mehr. Das nimmt dem Ort nahezu alles von seinem Charme, keine Frage, so sehr man sich darüber freuen möchte, dass es einer Buchhandlung gelungen ist, zu einer *event location* zu werden, wo wie in einem Vergnügungspark vor allem logistische Herausforderungen zu lösen sind. Einheimische werden in der Buchhandlung selten gesehen.

Ob Joanne K. Rowling jemals Maastricht besucht hat, weiß ich nicht. Hätte sie es getan, wäre ihr vielleicht eine weitere Buchhandlung als Schauplatz in den Sinn gekommen: der Boekhandel Dominicanen. Auch das eine Örtlichkeit, die für eine Buchhandlung nicht vorgesehen scheint, und wer sie betritt und nichts von ihrer Besonderheit weiß, schreckt womöglich verblüfft zurück. Deshalb ist es ratsam, sich ihr vorsichtig zu nähern.

Vom Maastrichter Bahnhof führt ein Fußweg über die Maas in die Innenstadt, eine angenehme Route, die – sofern man achtgibt, nicht von den zahllosen Fahrradfahrern abgedrängt zu werden – auf den ersten Blick den Eindruck vermittelt, man habe es mit einer typisch niederländischen Stadt zu tun, zumal auch ein, zwei Käsegeschäfte die Strecke säumen. Doch sobald man mit einem der rund 125.000 Einwohner ins Gespräch kommt, erfährt man bald, dass viele Niederländer Maastricht als Sonderfall betrachten. Stark an Belgien und Deutschland orientiert, gilt es gleichsam als südländische, als »burgundische« Großstadt, deren Bewohner sich durch Lebenslust und die Neigung, nach Herzenslust zu feiern, auszeichnen. Das Zentrum dieser Lebensfreude ist der Vrijthof, das »Wohnzimmer« der Maastrichter. Straßencafés breiten sich aus, Volksfeste jeder Art werden hier abgehalten, inmitten von imposanten Bauwerken wie der Sankt-Johannis-Kirche und der Sankt-Servatius-Basilika.

An beeindruckenden Gotteshäusern herrscht kein Mangel in Maastricht, und so verwundert es nicht, dass die vom Vrijthof nur wenige Schritte entfernte, 1294 eingeweihte Dominikanerkirche nie große Aufmerksamkeit auf sich zog. Zwar ist sie die älteste gotische Kirche in den Niederlanden, doch weist sie weder Querschiff noch Turm auf und liegt an einem unauffälligen Platz, an dem Touristen eher achtlos vorbeiziehen. Seit Dezember 2006 freilich hat sich das geändert, denn damals übernahm die seinerzeit größte niederländische Buchhandelskette, Selexyz (ein suggestiver Kunstname übrigens), schlug dort ihre Zelte auf und eröffnete die ungewöhnlichste ihrer Filialen. 2013 schien das Experiment gescheitert, als Selexyz/Polare Insolvenz anmeldete, doch bereits ein Jahr später wurden die Geschäfte weitergeführt, als unabhängiger Boekhandel Dominicanen.

Ein Buchladen in einer Kirche? Eine kommerzielle Nutzung eines der religiösen Besinnung zugedachten Ortes? So merkwürdig das zuerst erscheint, so selbstverständlich gehen die Maastrichter mit diesem Umstand um. Zum einen weil es in ihrer Stadt mehrere Kirchen mit »weltlicher« Funktion gibt, zum anderen weil die Dominikanerkirche in den letzten zweihundert Jahren viel Prosaisches durchgemacht hat, und viele kaum glauben können, für welche Zwecke die Kirche seit ihrer Profanierung im Jahr 1804 alles herhalten musste. In dem zur Eröffnung der Buchhandlung erschienenen Werk *Dominicanen. Geschiedenis van kerk en klooster in Maastricht* finden sich Fotos, die die »multikulturelle« Bestimmung des Ortes aufs Schönste illustrieren. Mal sieht man einen Boxring mit verschwitzten Athleten, die zwischen den Säulen die Fäuste fliegen lassen, mal amerikanische Buick- und Chevrolet-Limousinen, die eine Automobilschau bereicherten. Die Feuerwehr nutzte das Längsschiff als Aufbewahrungsort für ihre Ausrüstung (einen größeren gab es in ganz Maastricht nicht); man deponierte Fahrräder hier oder ließ die Kandidaten zur schriftlichen Führerscheinprüfung antreten. Während des Ersten Weltkriegs pflegte man Verwundete, und es gab Zeiten, da die Kirche als Pferdestall diente. Ja, selbst Volleyballerinnen trugen hier ein Länderspiel aus, ohne offenbar die Bleiglasscheiben in Mitleidenschaft zu ziehen.

Und nicht zuletzt verbinden viele Maastrichter intensive Jugenderinnerungen mit diesem einst sakralen Raum: Jahrelang feierte man hinter der Kirchentür den Kinderkarneval. Eltern, die sich in der närrischen Hochburg Maastricht zu Vergnügungen aufmachten, gaben ihre Kinder hier ab, und beim »Kusstanz« der Jugendlichen geschah es nicht selten, dass es zwischen den Heranwachsenden zu ersten zarten Annäherungen kam – unter göttlicher Aufsicht gewissermaßen. Manch eine(r) kehrt folglich aus rein sentimentalen Gründen in die Dominikanerkirche zurück. Von der vielfältigen Nutzung der Kirche ist geblieben, dass Boekhandel Dominicanen bis heute als Forum für die Maastrichter Bevölkerung dient; wieder und wieder kommt man zu Lesungen, Vorträgen, Ausstellungsvernissagen und Konzerten zusammen.

Als Selexyz damals dem Kircheneigner, der Gemeinde Maastricht, das Angebot machte, hier eine Filiale zu eröffnen, brüskierte das niemanden. Doch ehe man den Plan umzusetzen vermochte, galt es, nicht wenige Hindernisse zu überwinden. Alle Inneneinrichtungsmaßnahmen mussten reversibel sein, weshalb – was auf den ersten Blick nicht auffällt – alles Mobiliar mit den Kirchenwänden und -decken nicht fest verbunden werden durfte. Das Amsterdamer Architekturbüro Merkx & Girod nahm sich dieser anspruchsvollen Aufgabe an und fand eine verblüffende vertikale Lösung, um die nur 750 Quadratmeter umfassende Grundfläche zu erweitern: mit einem mehrgeschossigen, schwarzen Stahlaufbau, der nahe der südlichen Seitenwand der Kirche errichtet wurde. Dieser wurde als »Hülle« verstanden, und den Architekten gelang es vorzüglich, die Historie des Orts mit Respekt zu behandeln, ihr gerecht zu werden.

Wenn man – über eine Treppe oder mit dem Aufzug – das stählerne Regalsystem erklimmt, stellt sich im Nu ein Staunen ein: darüber, wie es geglückt ist, sieben Jahrhunderte architektonisch zusammenzuführen und die gotischen Kirchenmauern mit einem funktionalen modernen Baustil zu verbinden. Die Architekten verzichteten bewusst auf eine historisierende Anbiederung und gaben gleichzeitig nicht der Versuchung nach, den Besuchern einen ästhetischen Schock zu versetzen. So hält man inne auf der zweiten Etage des Stahlaufbaus, blickt erst ins Kirchenschiff hinunter und dann hinauf zu den Deckenfresken und Bleiglasfenstern, die zum Greifen nah sind. Je höher platziert, desto langweiliger – getreu diesem Motto ist man hier in der Höhe von wissenschaftlicher Fachliteratur, einem breiten juristischen Sortiment beispielsweise, umgeben. Beim Hinuntergehen merkt man, dass der Treppenunterbau der luftigen Konstruktion als Bücherlager dient und so, transparent für die Kunden, schnell Nachschub für die Auslagen besorgt werden kann.

700.000 Besucher, darunter Reisegruppen aus der ganzen Welt, strömen Jahr für Jahr in die Buchhandlung. Manche verharren mit wahrlich ungläubigem Gesichtsausdruck im Entree und können kaum fassen, was sie da sehen. Zögernd gehen sie über den Steinboden, anfangs ängstlich darauf bedacht, die Grabplatten nicht zu betreten. »Sind da noch Tote drunter?« – immer wieder hören die Mitarbeiter diese Frage, und mancher von ihnen scheut sich nicht, den wissbegierigen Besuchern davon zu erzählen, dass man, als es im Zuge der Umbau- und Restaurierungsarbeiten an die Unterkellerung ging, auf die vollständigen Gebeine von sechs in der Kirche bestatteten Menschen stieß.

Ein Artikel, der 2008 in der renommierten englischen Tageszeitung *The Guardian* erschien, sorgte dafür, dass die Touristenströme, die durch Maastricht ziehen, ihre Stadttour noch häufiger hier unterbrachen: Die Journalisten kürten die Buchhandlung zur schönsten der Welt und kreierten einen eingängigen Werbeslogan: »a bookshop made in heaven«. So kommt es bisweilen vor, dass sich die von weither angereisten Interessenten nicht an die offiziellen Öffnungszeiten halten. An einem späten Silvesternachmittag stand etwa ein japanischer Architekt enttäuscht vor dem bereits verschlossenen Eingangsportal, doch natürlich reagierte man auf das energische Klopfen des Besuchers und führte ihn durch die Halle.

Der vor allem an Wochenenden sprunghaft ansteigende Zulauf bringt es mit sich, dass die Mitarbeiter nicht in der Lage sind, alle Nachfragen ihrer Kundschaft detailliert zu beantworten – eine Not, aus der man eine Tugend gemacht hat. Denn früh wurde im Boekhandel Dominicanen ein einzigartiges elektronisches System etabliert, das es auch technikresistenten Kunden blitzschnell ermöglicht, den Standort eines der 25.000 vorrätigen Titel herauszufinden. RFID (Radio Frequency Identification) heißt dieses System, das es mittels elektromagnetischer Wellen erlaubt, den Weg zu den gesuchten, mit Chips ausgestatteten Büchern zu weisen. Mehrere Terminals sind über das Kirchenschiff verteilt, und mit wenigen Klicks gelingt es, ein Kochbuch mit Limburger Spezialitäten oder einen Roman von Harry Mulisch zu orten.

Soll hier modernste Technologie die Kundenzufriedenheit steigern, sieht man sich wenige Schritte davon entfernt mit kunsthistorisch einmaligen Zeugnissen konfrontiert. Im nördlichen Seitenschiff, gleich hinter einem Büchertisch mit Novitäten, findet sich eine aus dem frühen vierzehnten Jahrhundert stammende Wandmalerei, die unter anderem Stationen aus dem Leben des Thomas von Aquin zeigt. In ihrem Wert sei sie, so die Restauratorin Angelique Friedrichs, mit Gemälden von Rubens oder Rembrandt vergleichbar. Während viele der bedeutenden Kalksteinmalereien unwiederbringlich verloren gingen, gelang es in mühsamen Restaurierungsarbeiten, die Szenen, die kurz nach Thomas' Heiligsprechung angebracht wurden, zu retten – wie auch Johannes Vasoens' aus dem Jahr 1619 stammende musizierende Engel, die vom Deckengewölbe aus freundlich auf die Besucher herabschauen.

Um die kühne Mischung aus Alt und Neu, die man an diesem Ort so sehr pflegt, zu komplettieren, wird auch der Chor der Kirche auf unkonventionelle Weise genutzt. Von den Eindrücken ermattete Besucher können sich dort bei »Coffeelovers« niederlassen, einer Cafeteria, die zur bekannten Kaffeerösterei Blanche Dael gehört. Wer sich aus dem einladenden Angebot mit einem Ristretto und einer Focaccia versorgt hat, nimmt an einem großen Tisch Platz, der ein Kreuz nachbildet, oder auf einem der Sitze an der Chorwand. Erinnern diese nicht an die Gebetsstühle der Dominikanermönche, die sich hier einst zur Andacht versammelten? *Tempi passati.*

Wenn wir schon bei ehrwürdigen Orten sind, will ich einen Blick in Antiquariate werfen, die seit jeher eine spezielle Aura umgibt. Denn hier geht es nicht um Bestseller, hier spielt das Non-Book keine Rolle, und hier herrscht meist eine unaufgeregte Ruhe, die einerseits auf die Vergänglichkeit alles Publizierten verweist und andererseits dazu einlädt, Kostbarkeiten bibliophiler Natur oder seltene Erstausgaben ehrfurchtsvoll in die Hand zu nehmen. Wiewohl sich das Geschäft mit »alten« Büchern seit einiger Zeit zu weiten Teilen ins Internet verlagert hat, gibt es sie noch, die gediegenen Antiquariate, die nur besuchen sollte, wer Zeit und Stöberlust mitbringt. Eines davon ist in Wien, das Antiquariat Burgverlag, unweit der Hofburg gelegen.

Nein, betont Robert Schoisengeier, um Bücher zu verkaufen, bräuchte er den Laden nicht. Seitdem er 1996 die Buchhandlung Burgverlag übernahm und sie fortan – erkennbar auch an dem von ihm hinzugefügten Namenszusatz – als reines »Antiquariat« betrieb, hat sich in diesem Metier ungemein viel getan. Robert Schoisengeier wäre heute fraglos in der Lage, die meisten seiner Abschlüsse in der virtuellen Welt zu tätigen. Doch um wie viel ärmer wäre sein Arbeitsalltag, wenn er dies von einem anonymen Büro aus täte und nicht von seinen intimen Räumen am Wiener Burgring, deren Einrichtung zum Teil aus dem frühen zwanzigsten Jahrhundert stammt.

Schoisengeier ist Antiquar mit Leib und Seele. Er habe in seinem Leben nie etwas anderes gemacht und kenne nichts anderes. Seine Kunden wissen diese Erfahrung und diese Kompetenz zu schätzen; vorwiegend kommen männliche Kunden zu ihm, die im Durchschnitt älter geworden seien, wohingegen man das »zarte Pflänzchen« der jüngeren Bibliophilen besonders hegen und pflegen müsse. Wer hierherkommt, weiß die Stille zu schätzen und die Gelassenheit, mit welcher der Inhaber und seine Mitarbeiter Angebote machen, Auktionen vorbereiten und Kontakte unterhalten. In guter Lage befinde sich sein Geschäft hier am Rande des Ersten Bezirks, wenngleich man – wie Schoisengeier lachend anmerkt – seine Zelte noch lieber am Stephansplatz 1 aufschlagen würde, ein Gedanke, der beim Wiener Bischof jedoch kaum auf Gegenliebe stieße.

Wer die Hofburg durchquert, die Straßenseite wechselt und den Burgring nach links Richtung Kärntner Straße entlangschlendert, kommt nicht umhin, vor den beiden Ladenteilen des Antiquariats Burgverlag innezuhalten. Vor einigen Jahren ist ein zweiter, mit dem Hauptgeschäft nicht direkt verbundener Laden hinzugekommen. Wo zuvor mit Spiegeln gehandelt wurde, hat das Antiquariat eine Ausstellungsfläche für Grafiken und Drucke eingerichtet – ein eher rückläufiger Zweig, doch einer – wie Robert Schoisengeier zuversichtlich anmerkt –, der sicher wieder einen Aufschwung erleben werde. Auch in den angenehm tiefen Schaufenstern des Hauptgeschäfts ist nicht zu übersehen, dass alte Karten und Stiche, neuerdings verstärkt auch Fotografien, zu den Schwerpunkten des Hauses gehören. Als liebenswerter Blickfang in der Auslage fungierte zum Beispiel vor einiger Zeit ein altes Exemplar des Brettspiels »Steeple Chase«, dessen Zinnfiguren dazu einladen, sich sofort Richtung Ziel aufzumachen. Für 500 Euro konnte man damit eine schöne Weihnachts- oder Geburtstagsfreude bereiten.

Der Ein- und Auslass im Antiquariat Burgverlag ist mit einer Klingel geregelt, wodurch Exklusivität entsteht, die indes vor allem dazu dient, Torheiten etwaiger zahlungsunwilliger Besucher zu verhindern. Wer erst einmal seinen

Fuß in das Buchheiligtum gesetzt hat, vergisst binnen kurzer Zeit jede Zeit. Sind es die Schränke mit Glasaufsätzen oder die mit Beschlägen versehenen Schubladen, die die Blicke zuerst auf sich ziehen? Oder die geätzten, mehrseitig zu öffnenden Scheiben der Schaufenster? Oder die kannelierten Halbsäulen? Vielleicht aber liegt es an der nachgekauften, aus der Hofmannsthal-Zeit stammenden Registrierkasse, einem Produkt des altehrwürdigen Unternehmens National Cash Register?

Es ist schwer zu sagen, worin die erste Verlockung dieser Lokalität besteht; auf jeden Fall ist unverkennbar, wie man die historische Einrichtung pflegt und allenfalls behutsam erneuert hat. Bis in das Jahr 1920 reicht die Geschichte der Buchhandlung zurück, genau: bis zum 15. Januar 1920, als die Firma Burgverlag Richter und Zöllner gegründet wurde, die sich als Verlags- und Versandbuchhandlung ohne Ladenverkehr verstand. Zöllner, der die Geschäfte zwei Jahre später allein zu führen hatte, galt, wie es in der Zeitschrift *Das Antiquariat* stand, als »eines jener Originale, wie sie nur der Antiquariatsbuchhandel hervorbringt«. Sein Verlag, der anfangs in der Habsburgergasse saß, erlebte in den nur sechs Jahren, in denen er Bücher herausgab, ein permanentes Auf und Ab.

Wie der Historiker Murray G. Hall im zweiten Band seiner *Österreichischen Verlagsgeschichte* ausführt, lag das Hauptgewicht der rund dreißig Titel umfassenden Produktion auf heimatkundlichen Darstellungen und »Wienerischem«. Trotz dieser überschaubaren Bedeutung fand die nicht lange währende Verlagsgeschichte gleich zweifachen literarischen Niederschlag. Der vor allem durch seinen Gedichtband *Wien wörtlich* heute noch bekannte Josef Weinheber veröffentlichte im Burgverlag zwei seiner frühen Werke. 1928, als ein Bankrott die Verlagsproduktivität bereits zum Erliegen gebracht hatte, legte Weinheber den Roman *Der Nachwuchs* vor, der unverkennbar die Turbulenzen des Burgverlags widerspiegelt. Gleiches hatte drei Jahre zuvor Weinhebers Landsmann Bruno Brehm, der anfangs zu den Financiers des Verlags zählte, in seinem Roman *Der Sturm auf den Verlag* getan. Brehm, der später das Gedankengut der Nationalsozialisten propagierte, erinnerte sich noch Jahre später mit Schrecken an sein finanzielles Engagement: »Ich trat in einem Verlag ein (…) und verlor dort das Geld meiner Frau. Wir hatten schon zwei Kinder, und ich wusste wirklich nicht, ob ich bloß ein Pechvogel oder auch ein Lump sei.«

Von 1926 bis 1999 ruhte die Verlagsaktivität. Erst dann entschloss sich Robert Schoisengeier, diesen Zustand zu ändern – »aus reiner Passion«. Seither veröffentlicht er Bücher, die ihm am Herzen liegen, wie etwa eine Arbeit über den Porzellanmaler Johann Hörolt. Das Standbein freilich bildet das Antiquariatsgeschäft mit den rund 14.000 Titeln, die Robert Schoisengeier präsent hält. Neben der Belletristik, darunter viel französische Literatur, kümmert man sich besonders um die Bereiche der Kunst und Architektur, einzusehen im hinteren Ladenraum. Ein einst mit Gas betriebener Glaslüster aus der Mitte des neunzehnten Jahrhunderts dominiert den nachträglich hinzugekommenen Raum. Eine Treppe führt zu einer Empore, die vor allem

Kunst- und Kulturgeschichtliches zeigt und, wie es sich für ein gut bestücktes Antiquariat gehört, immer wieder neue Trouvaillen ans Tageslicht bringt. Mal ist es Fachliteratur zum Schach, die mich begeistert, mal eine Anleitung zur Rinderzucht, mal Bernhard Bauers früher vielgelesenes *Weib und Liebe. Studie über das Liebesleben des Weibes.* Ehe ich mich versehe, erliege ich der Versuchung und beschließe, den Umsatz des Antiquariats Burgverlag in die Höhe zu treiben, mit dem Kauf der *Instruction sur les mauvaises chansons*, mit der der Verfasser, Abbé Hulot, schon 1824 vor populärem Liedgut zu warnen versuchte.

Das Faszinosum, das den Alltag eines Antiquars so abwechslungsreich macht, zeigt sich, wenn Schoisengeier auf die Raritäten seines Fundus zu sprechen kommt. Ich darf in einer 1517 erschienen Ausgabe der *Ars magna generalis et ultima* des mallorquinischen Gelehrten Ramon Llull blättern, die für 13.000 Euro mein Eigentum werden könnte, und lasse mir wertvolle Inkunabeln zeigen. Dass jeder Tag für einen Antiquar Überraschungen bereithält, merke ich spätestens, als Robert Schoisengeier mir stolz zwei seiner neuesten Erwerbungen zeigt: eine Erstausgabe von Stefan Zweigs Dichtung *Jeremias* (1917), versehen mit einer Widmung des Verfassers für Franz von Bayros, einem »décadent« wie aus dem Bilderbuch, der vor allem als Illustrator erotischer Werke Aufsehen erregte. Und mit einem Mal zieht Robert Schoisengeier ein Manuskript hervor, das er soeben von einem privaten Sammler erworben hat. *Silverstolpe* ist es überschrieben und umfasst vierundzwanzig nummerierte Blätter. Es handelt sich um den einem befreundeten Mediziner (»Amico optimo Al. Hartwich 24. XII. 1940 A.L.H.«) gewidmeten Auszug des Romans *Beide Sizilien*, den der österreichische Schriftsteller Alexander Lernet-Holenia, der viele Jahre in einem Trakt der Hofburg lebte, 1942 publizierte. Eine Kordel umschließt das mit blauer Tinte geschriebene und mit roter Tinte korrigierte Prosastück, und da von Lernet-Holenia kaum Manuskripte existieren, bietet das Antiquariat es für 15.000 Euro an.

Solche Momente des Findens und des Anbieten-Könnens müssen es sein, die einen Antiquar begeistern. Und solche Begeisterung überträgt sich auf die Buchliebhaber – darunter in der Vergangenheit übrigens Autoren wie Oswald Wiener und Gert F. Jonke –, die den Weg in den Burgring 1–3 finden. Dass die Werte, die in den Schränken und Regalen lagern, auch weniger gern gesehene Zeitgenossen anziehen, erfuhr man 2007, als sich ein mit den Örtlichkeiten vertrauter Einbrecher Einlass verschaffte und wertvolle Grafiken und Bücher entwendete. Ein Teil des Diebesguts fand sich erst im kanadischen Toronto wieder. Eine Zäsur sei dieser Einbruch gewesen und habe dazu geführt, die Sicherheitsmaßnahmen zu erhöhen. Für kriminalistische Zwecke scheint das dezente Ambiente des Antiquariats ohnehin geeignet. Denn die Produzenten der TV-Krimiserie *Kommissar Rex* ließen es sich nicht nehmen, zwischen Lüster und Mahagoniregalen eine Mörderjagd zu inszenieren. Das älteste existierende Lokalantiquariat in Wien bietet eben andere Möglichkeiten als jeder virtuelle Raum.

Alle paar Jahre, wenn ich in Wien bin, schaue ich am Burgring nach dem Rechten – ein Vorwand natürlich, um mich inspirieren zu lassen und einen Kauf zu tätigen, den ich vorher keinesfalls im Sinn hatte. Vor einigen Monaten, als ich auf den Spuren Schnitzlers durch Wien unterwegs war, führte mich erneut der Weg ins Antiquariat Burgverlag – nicht zuletzt, weil Arthur Schnitzler eine Zeit lang im selben Haus wohnte. 1870, kurz bevor er ins Akademische Gymnasium eintrat, nahm die Familie Wohnung im ersten Stock. Und der Zufall wollte es, dass Robert Schoisengeier mir mit der Unschuldsmiene eine Antiquars, der weiß, dass seine buchvernarrten Kunden nur einen geringen Anstoß brauchen, um hellhörig zu werden, eine Erstausgabe von Schnitzlers berühmter Novelle *Lieutenant Gustl* zeigte. 1901 ist sie bei S. Fischer erschienen, mit wunderbar verhalten düsteren Illustrationen von Moritz Coschell, der – für die vordere Umschlagseite – den Titelhelden eingefangen hat, wie er verzweifelt auf einer Praterbank sitzt. 1.800 Euro sollte diese prachtvolle Ausgabe kosten, ein Betrag, der mein Budget schmerzlicherweise überschritt. Doch zum Glück ist nicht nur die Erstauflage im Angebot, sondern auch ein im selben Jahr erschienenes Exemplar der sechsten Auflage, ein gut erhaltenes Stück, das für schlappe 100 Euro zu haben ist. Selbstverständlich hat es sofort seinen Besitzer gewechselt.

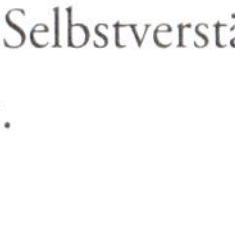

Wechseln wir, um diesen Rundgang durch besonders exquisite Buchhandlungen zu beenden, noch einmal die Länder- und Sprachengrenzen und gehen nach Brüssel. An herausragenden Beispielen mangelt es in der belgischen Hauptstadt, die sich durch Robert Menasses mit dem Deutschen Buchpreis 2017 gekrönten Roman *Die Hauptstadt* wieder kräftig auf die Literaturgeschichtslandkarte eingeschrieben hat, nicht. Da gibt es beispielsweise Passa Porte, das Maison internationale des littératures, oder die Librairie Filigranes. Meine liebste Brüsseler Buchhandlung ist indes Tropismes, die modernen Anspruch und literarische Tradition mustergültig verbindet – was der niederländische Schriftsteller Cees Nooteboom nicht anders sah.

»Wenn ich die Augen schließe, sehe ich sie alle vor mir, ich gehe hinein, steuere auf meine Lieblingsabteilung zu, schaue, was auf dem Tisch mit den Neuerscheinungen liegt, sehe die vertrauten Gesichter und nehme mehr mit nach Hause, als gut für mich ist« – so imaginiert Nooteboom in dem Essay *Wo Bücher knurren, grollen, träumen* seine europäischen Lieblingsbuchhandlungen. Eine davon ist Tropismes in Brüssel. Binnen weniger Jahre hat sich die 1984 von Brigitte de Meeûs und Jacques Bauduin gegründete und von den Verlagshäusern Minuit und Seuil finanziell unterstützte Buchhandlung zu einer glanzvollen Adresse entwickelt, die Fremde wie Einheimische gleichermaßen anzieht. Mitten in der Ilot Sacré, Brüssels mittelalterlichem Zentrum, liegt sie. Sowohl zur Grand' Place mit dem prachtvollen Rathaus als auch zur Rue des Bouchers mit ihrem kulinarischen Überangebot und ihren Brasserien, die sich für Unkundige oft als Bauernfängerfallen erweisen, sind es nur wenige Schritte.

Galerie des Princes lautet die noble Adresse von Tropismes – eine von drei Passagen, die das Ensemble der nach dem heiligen Hubertus, einem Ardennen-Einsiedler, benannten Galeries Royales Saint-Hubert bilden. 1847 wurden die auf Pläne des niederländischen Architekten Jean-Pierre Cluysenaer zurückgehenden Galerien im Beisein von König Leopold I. und seinen Söhnen feierlich eingeweiht. Fortan galten sie als Vorzeigebauwerk, das bis heute Unterhaltungsetablissements, Cafés und edle Confiserien wie den Créateur Chocolatier Neuhaus beherbergt, der schon 1857 in die Hubertus-Galerien einzog. Und Tropismes. In der achtzehn Meter hohen Galerie du Roi trifft man zu allen Tageszeiten Flaneure aus aller Herren Länder. Ein über zweihundert Meter langes Tonnengewölbe aus Glas spannt sich über die Boutiquen und Restaurants und kreiert Lichtreflexionen, die für sich genommen schon Grund genug sind, stundenlang in den Galerien zu verweilen.

Der Tropismes-Haupteingang befindet sich in einem Seitenarm, in der erwähnten Galerie des Princes, die die Galerie du Roi mit der Rue des Dominicains verbindet. Von Anfang an litt diese unter schwächeren Besucherströmen und dürftigeren Umsätzen, sodass sich im Lauf der Jahrzehnte eine Vielzahl wechselnder Nutzungen ergab und das Tropismes-Interieur bis heute von einem einzigartigen eklektizistischen Zusammenspiel von Säulen, Spiegeln und Stuckelementen geprägt ist. Café- und Hotelbesitzer zählten zu den Mietern der Nummer 11; nach dem Zweiten

Weltkrieg logierte hier ein Club House Versailles und bot Fecht- und Tanzattraktionen, ehe – nach Umbauarbeiten – 1961 der legendäre Jazz-Club Blue Note einzog und nicht nur Belgiens berühmtem Chansonnier Jacques Brel Auftrittsmöglichkeiten bot. Eine weitere »boîte de jazz« und das Restaurant Princes reihten sich in die Mieterliste ein; die Betreiber des Letzteren zogen ein Mezzanin ein, das das bauliche Gesicht von Tropismes maßgeblich prägt.

Literarische Linien lassen sich von der heutigen Buchhandlung bis ins neunzehnte Jahrhundert ziehen. 1851 zum Beispiel flüchtete Victor Hugo nach Brüssel, mietete sich auf der Grand' Place ein und kam häufig im Café de la Renaissance mit anderen Literaten zusammen. Hugos Muse und Geliebte Juliette Drouot, die seinetwegen auf eine Karriere als Schauspielerin verzichtete und den Bewunderten im Laufe ihres Lebens mit Tausenden von Briefen bedachte, nahm, um ihrem Idol möglichst nah zu sein, in der Galerie des Princes 11 Wohnung. Nicht auf Victor Hugo bezieht sich indes die ungewöhnliche Namensgebung der Buchhandlung. *Tropismes* lautet der Titel des 1939 erschienenen Prosadebüts von Nathalie Sarraute (1900–1999), der Grande Dame des einst wirkmächtigen französischen Nouveau Roman. Mit dem Titel, der auf die minuziöse Wahrnehmung von Innen- und Außenwelt anspielt, greift Sarraute einen Begriff aus der Biologie auf, der die Reaktion einer Pflanze oder eines Tiers auf einen äußeren Reiz bezeichnet. Im übertragenen Sinn erweist sich der Begriff Tropismus als passendes Bild, um zu beschreiben, was die Kunden einer Buchhandlung erleben, wenn sie mit

Büchern konfrontiert werden. Reaktionen der Zu- oder Abwendung spielen sich innerhalb kürzester Zeit ab – ein Wechselspiel, das ein geistiges und ein emotionales Abenteuer beschreibt.

Natürlich liegt Sarrautes *Tropismes*-Bändchen in bester Kassenlage im Erdgeschoss aus, wo sich auf breiten Auslagen vorwiegend das belletristische und historische Sortiment auftut. Nichts an wesentlichen Neuerscheinungen der französischsprachigen Literatur scheint hier zu fehlen, hinzukommen Klassiker und eine gediegene Auswahl an Lyrik. Ein opulenter Verkaufstisch ist mit Werken fremdsprachiger Autoren bestückt, darunter bei meinem ersten Besuch Siegfried Lenz' *Une minute de silence* und Jenny Erpenbecks *Le bois de Klara*, und trägt zum Eindruck einer Intellektualität bei, die mit kurzfristigen Modeerscheinungen nichts im Sinn hat und sich auch in über einhundert Autoren- und Diskussionsabenden jährlich manifestiert.

Je länger man zwischen den Tischen und Regalwänden hin und her wandelt – liegt dort nicht sogar ein Exemplar des Comic-Klassikers *Astérix chez les Belges*? –, desto stärker breitet sich Gelassenheit in einem aus. Kaum hat man als Kunde, so scheint es, die Schwelle unter den leuchtenden Schreibschriftbuchstaben Tropismes überwunden, fällt jede Anspannung ab. Goldbraun färbt sich das durch die hohen, vielfach geteilten Schaufenster einfallende Licht. Stuck mit Hopfenblättern (einst ein passendes Dekorum für die hier ansässigen Restaurants) verziert die mächtigen Säulen, die, von Vögeln gekrönt, bis zur Stuckdecke reichen, und ein ausgeklügeltes Ineinander von Spiegeln vervielfacht den Raumeindruck. Im Mezzanin lausche ich einem Verkaufsgespräch, bleibe an der Brüstung stehen, betrachte, wie sich meine Person und Hunderte von Buchrücken spiegeln und Zauberschlossatmosphäre schaffen.

Ungefähr 80.000 Titel umfasst das Angebot heute – eine Breite, die sich nur durch schrittweise vorgenommene Umbauten und Erweiterungen erreichen ließ. Im nüchtern-klaren Untergeschoss, das von schnörkellosen roten und blauen Säulen beherrscht wird, sind Disziplinen wie Soziologie, Philosophie, Psychologie, politische Theorie und Ökologie zu Hause, die viele Studenten zu Tropismes-Kunden machen. Zwei, drei der Mitarbeiter sind dabei, sich um die eingetroffenen Novitäten zu kümmern, und lassen neugierigen Kunden alle Zeit der Welt, sich in diesem Hort des Wissens zurechtzufinden. Ein Durchgang führt in die Taschenbuchabteilung, über der ein Geruch von Räucherkerzen liegt, und wer will, kann sich hier mit Handke- und Grass-Übersetzungen eindecken.

In mehreren Etappen wurde die Fläche der Buchhandlung erweitert. Über einen winzigen Garten gelangt man in die Abteilung für Kinder- und Jugendliteratur, »L'appartement« genannt. Seit 2002 verfügt Tropismes über einen zweiten Eingang, in der Galerie du Roi, Nummer 4 – ein geschickter Schachzug, da über diese rege frequentierte Passage mehr und mehr Besucher auf Tropismes aufmerksam werden. Die Leseverlockungen für Kinder verteilen sich über zwei Stockwerke modernen Zuschnitts. Spielecken, Teppiche und Sofas lassen die obere Etage in der Tat als »Appartement« erscheinen, als wohnliches Ambiente für einen unbeschwerten Streifzug durch die in Belgien traditionell vielbevölkerte Comicwelt. Deren Helden Spirou und Fantasio hätten große Freude an diesem Ort.

So ruhig es an manchen Wochentagen bei Tropismes zugeht, so rasch füllen sich die Etagen sonntags, wenn Besuchermassen durch die Galerien strömen. Fünf Stunden hat man am Sonntag Nachmittag geöffnet, fünf Stunden, die, wie Direktorin Brigitte de Meeûs betont, für das ökonomische Gedeihen der Buchhandlung lebensnotwendig seien. Deren Flair hat unter allen Erweiterungsmaßnahmen nicht gelitten, und wer davon etwas mit nach Hause nehmen möchte, ersteht am besten zwei der Postkarten mit Fotos von Marie-Françoise Plissart, von denen das eine in Schwarz-Weiß den Blick vom Mezzanin und das andere die Tiefe der Galerie des Princes unter dunkelblauem Abendhimmel wiedergibt.

Kein Wunder, dass es sich Schriftsteller, die nach Brüssel kommen, nicht nehmen lassen, hier vorbeizuschauen. Cees Nooteboom, wie gesagt, aber auch etwa Caroline Lamarche. In ihrem Roman *Lettres du pays froid* (2003) hat sie, ohne dass der Name Tropismes fällt, die Buchhandlung erstmals verewigt. Drei Jahre später hat sie diese Liebe in der Anthologie *L'auteur et son libraire* fortgeschrieben. *Une source stimulante* ist Caroline Larmarches zweiseitige Hommage überschrieben, ein Zeugnis dafür, wie das Innenleben einer Buchhandlung sich auf die ausgelegten Werke überträgt. »Wenn ich«, schreibt die 1955 in Lüttich geborene Autorin, »die Schwelle des Ladens betrete, überkommt mich ein leichter Schwindel.« Und jedes Mal ereile sie mit voller Wucht der »Liebesruf der Bücher«, die stumm und ergeben auf eine Antwort der Betrachterin warteten: »Bei Tropismes sind es die Bücher, die mich erwählen.«

5

PLATZ IST IN DER KLEINSTEN HÜTTE

Ja, das weiß man, weil es einem alle Berater, von denen es in der Branche nicht wenige gibt, sagen, wenn es gilt, eine neue Buchhandlung einzurichten: Übersichtlich muss sie sein, klar strukturiert und mit unmissverständlicher Wegeführung, um den tendenziell meist als leicht zurückgeblieben eingestuften Kunden ja nicht zu überfordern. Das mag alles so sein, und betriebswirtschaftlich ist es vermutlich richtig, dass Ladengeschäfte, die diesem Ideal nicht entsprechen, schlechtere Ergebnisse einfahren. Dennoch: Zum Charme von Buchhandlungen, wie man sie nicht missen möchte, zählt es durchaus, dass sie architektonisch nicht *à jour* sind und mit dem zurechtzukommen haben, was die bauliche Situation hergibt. Und so stoßen wir gern auf Nischen und Winkel, auf Treppen, die in entlegene Stockwerke führen oder in mäßig aufgeräumte Souterrains. Wer sich gern von Bücherstapeln inspirieren lässt, liebt es, Entdeckungen zu machen und in irgendeinem Regalbrett völlig Überraschendes, vielleicht auch falsch Einsortiertes zu finden.

Selbst in großen Buchhäusern stellen sich mitunter solche Impressionen ein. Das feine Buchhaus Wittwer in der Stuttgarter Königstraße glänzt seit eh und je mit einem opulenten Sortiment, das sich freilich in der ersten Etage auf etliche Buchten verteilt – wunderbare Rückzugsorte, wo sich das philosophische Angebot, das sich nicht in den Novitäten Richard David Prechts oder Peter Sloterdijks erschöpft, in Ruhe studieren lässt. So schön es ist – und durch die Thalia-Übernahme wird sich das hoffentlich nicht so schnell ändern –, diesen Wittwer-Luxus zu genießen, so laut hören wir die Rufe der Controller, die sofort auflisten, was ein derartiges Labyrinth an zusätzlichem Personal verlangt.

Apropos Thalia: Zu diesem von Buchliebhabern gern argwöhnisch beäugten Unternehmen gehört seit bald zwei Jahrzehnten auch die Berner Buchhandlung Stauffacher, wenngleich der Name Thalia dort zuletzt nicht mehr aufscheint und man unter dem Label Orell Füssli firmiert. Viel wurde im Lauf der Jahre bei Stauffacher umgebaut, und dennoch, ja, zum Glück gelang es nicht, innenarchitektonisch für komplette Ordnung zu sorgen.

Den Aufzug »West« nehmen? Oder den, der in Richtung »Ost« weist? Unsicher sah ich mich bei meinem letzten Besuch um, versuchte mich daran zu erinnern, auf welchem Weg ich wohl in dieses Stockwerk gekommen sein mochte. Über diese Treppe oder über jene? Es ist nicht ganz einfach, sich auf Anhieb bei Stauffacher zurechtzufinden und die labyrinthischen Verwinkelungen zu überblicken. Zwischen dem Berner Hauptbahnhof und dem von Cafés und Pizzerien geprägten Waisenhausplatz tut sich in der Neuengasse der Haupteingang des Stauffacher-Reiches auf, doch genauso gut gelangt man dorthin über die Zugänge im Ryffligässchen oder in der Von-Werdt-Passage. Vielleicht liegt schon darin ein Geheimnis dieses Bücherzentrums: Obschon es mit seinen rund dreitausend Quadratmetern die größte Buchhandlung in der Schweiz ist, lässt seine bauliche Struktur nie den Eindruck unüberschaubarer Kühle aufkommen. Gern verliert man sich in den Nischen der einzelnen Abteilungen, und wer Ruhe will, braucht nur einen Treppenabsatz zu nehmen, um beispielsweise in den dritten Stock, in die Librairie Française, zu gelangen. Dort herrscht verhaltenes Treiben, ein achteckiger Tisch, umstellt von vier Stühlen, lädt dazu ein, sich wie im häuslichen Wohnzimmer niederzulassen. Zum vollkommenen Glück fehlte nur noch, dass sich eine der Buchhändlerinnen mit Kanne und Stövchen genähert und mit einem charmanten »Un peu de thé vert?« Behaglichkeit zwischen den Regalen verbreitet hätte …

Dass Umbauten, so professionell sie vorbereitet sein mögen, nichts am grundsätzlichen Charme einer verwinkelten Buchhandlung ändern können, sehe ich in Hamburg gleich vor meiner Haustür. Dort am Eppendorfer Baum schlägt das Herz des seit 1928 bestehenden Buchhauses Heymann, ein Familienbetrieb in dritter Generation, zu dem mittlerweile mehr als ein Dutzend Filialen im Hamburger Raum gehören. Das Hauptgeschäft wurde vor kurzem umgebaut, in der Hoffnung, das Ineinander von Stockwerken, von Ein-, Aus- und Zugängen übersichtlicher zu gestalten. Das ist gelungen, keine Frage, doch offen gestanden war ich erleichtert, als ich auch in der umgebauten Filiale Schwierigkeiten hatte, die beiden Ausgänge auseinanderzuhalten und mich zu den Taschenbuchnovitäten durchzuschlagen …

Wenn es darum geht, Buchläden zu loben, die unüberschaubar und dadurch geheimnisvoll wirken, darf eine Buchhandlung im exquisiten Londoner Stadtteil Mayfair nicht fehlen, die britischer nicht sein könnte: Heywood Hill. Meinen Besuch dort werde ich nie vergessen …

»Cicero!«, ruft ein weißhaariger Gentleman aus und wendet sich vertrauensvoll an einen der Mitarbeiter in Heywood Hills Buchhandlung. Ob man Ciceros Briefe an seinen Freund Atticus auf Lager habe und welche Ausgabe zu empfehlen sei, will er wissen, voller Zuversicht, mit diesem Begehren hier nicht fehl am Platze zu sein. Ein paar Minuten später lässt sich ein anderer, nicht minder betagter Kunde, der sich mühsam an zwei Gehstöcken durch den Laden schleppt, darüber aufklären, für welchen Bereich jener ihm unbekannte junge Mann zuständig sei, der ihn zuvorkommend zur Tür geleitet.

An solchen Kleinigkeiten spürt man, dass hier die Uhren langsamer gehen und sich die Hill-Klientel nicht vom hektischen Rhythmus der Saisonereignisse aus der Ruhe bringen lässt. Seit 1943 residiert man in der Curzon Street 10, nachdem man für die ersten sieben Jahre nach der Gründung der Buchhandlung einige Häuser weiter, in der Hausnummer 17, einquartiert war. Denn obschon deren Geschichte erst 1936 einsetzt, als sich der junge George Heywood Hill zweitausend Pfund von seinem Vater lieh, um sich auf das Wagnis einer Firmengründung einzulassen, lebt sie wie kaum eine andere Buchhandlung von Anekdoten und Legenden.

»Old & New Books« – ein leicht zu übersehendes Schild verrät den Unkundigen, was sie im Erd- und Untergeschoss des dreistöckigen Hauses erwartet. Allenfalls im Sommer, wenn eine blaue, weiß beschriftete Markise fast bis zu dem schwarzen, abweisend wirkenden Eisenzaun am Gehweg hinunterreicht, ist die Angebotspalette auch von weitem sichtbar. Auffälliger ist eine links vom Eingang befestigte Plakette des sich um Denkmalpflege kümmernden English Heritage, die auf die vielleicht wichtigste Episode in der Hill-Geschichte verweist. Zwischen 1942, als Firmengründer Heywood Hill zur englischen Armee eingezogen wurde und sich seine Frau Anne um das erste Kind kümmerte, und 1945 arbeitete Nancy Mitford in der Curzon Street, die englische, aus einer oft beschriebenen Sippe stammende Schriftstellerin, deren Popularität in ihrer Heimat ungebrochen ist. Mitford, die der Buchhandlung bis zu ihrem Tod 1973 verbunden blieb, sorgte in den Kriegsjahren für

Glanz. In den engen Räumen von Heywood Hill habe sich damals, so Evelyn Waugh, das während des Zweiten Weltkriegs verbliebene modische und intellektuelle London getroffen.

Seit jeher zeichnete sich die Hill-Buchhandlung durch ihren außergewöhnlichen Service aus, ein Angebot, das man auch in Zeiten, da viele Geschäfte allein über Telefon und Mail abgewickelt werden, beibehält. Die nicht selten aus alten aristokratischen Kreisen stammende Kundschaft erwartet perfekte Dienstleistung. Es versteht sich von selbst, dass die Käufer in der ganzen Welt – davon nicht wenige aus den Vereinigten Staaten – mit Büchersendungen versorgt werden. Auf halbem Weg ins Untergeschoss droht ein Regal von liebevoll in dickes, braunes Packpaper eingeschlagenen Paketen überzuquellen. Mit schwarzem Filzstift sind auf ihnen die Empfänger vermerkt, darunter klangvolle Namen aus dem britischen Hochadel.

Im Kinderbuch bietet man einen maßgeschneiderten Geschenkdienst an. Kunden erhalten auf Nachfrage monatliche oder jährliche Empfehlungen für ihre Paten- oder Enkelkinder, und mit Leichtigkeit versteht man es, Präsentkörbe zusammenzustellen: für jeden Anlass die richtigen Bücher. Nur konsequent ist es da, dass man jederzeit bereitsteht, Privatbibliotheken einzurichten. Vor einiger Zeit etwa bestückte man ein Jagdhaus mit Büchern, die es den dort einkehrenden Waidmännern erlauben, sich mühelos in die Themen »Jagd« oder »Angeln« einzuarbeiten. In einem anderen Fall hatte man lediglich drei Wochen Zeit, um eine Bibliothek mit über dreitausend Bänden auszustatten – natürlich nicht mit wahllos zusammengesuchten Titeln, sondern mit Werken, die den Interessen des Besitzers entsprachen.

Mutige Kunden wagen sich über eine steile, windschiefe Treppe ein Stockwerk tiefer, wo die gutsortierte Kinderbuchabteilung untergebracht ist. Zu hoch gewachsen darf man nicht sein, um unbeschadet nach unten zu gelangen. Rot-weiß gestreifte Absperrfolie markiert den oberen Türrahmen, auf dass Kunden ihre Köpfe rechtzeitig in Sicherheit bringen können. Auf dem letzten Treppenabsatz zweigt nach rechts der »Print Room« ab, wo einst Heywood Hills Schreibtisch stand. Auch hier herrscht keine sterile Atmosphäre. Alte Folianten umlagern die Computer, daneben steht eine Flasche Noilly Prat; auf dem Boden liegt eine Ausgabe von Robert John Thorntons *Temple of Flora*, mit bibliografischen Anmerkungen Handasyde Buchanans.

Mein letzter Besuch bei Heywood Hill liegt schon ein paar Jahre zurück, aber ich hoffe inständig, dass sich – vor allem im Untergeschoss – nichts geändert hat. Es wäre zu schade.

Nicht überall hat man die Möglichkeit, auf beengtem Raum frei- oder unfreiwillig einen kleinen Irrgarten anzulegen, der den schönen Effekt hat, die Menschen an einem schnellen Verlassen des Ladens zu hindern. Mancherorts ist schlicht zu wenig Platz dafür, mancherorts muss man aus wenigen Quadratmetern viel machen oder ein überraschendes Konzept entwickeln, um das Sortiment zu strukturieren. Die gelernten Buchwissenschaftlerinnen Elisabeth Windfelder und Jasmin Marschall zum Beispiel haben in der Nähe von Mainz, in Gau-Algesheim, eine solche ungewöhnliche Idee Wirklichkeit werden lassen, in ihrer Buchhandlung herr holgersson. Um den Kunden jedes Fremdheitsgefühl zu nehmen, hat man die zur Verfügung stehenden nur wenig mehr als hundert Quadratmeter so verplant, dass die Raumaufteilung einer Wohnung nachempfunden ist. Herzstück ist das Wohnzimmer, zweiter Schwerpunkt das Kinderzimmer, Kochbücher gibt es in der Küche, Kinderbücher im Kinderzimmer, Krimis und Romane im Wohnzimmer – ganz wie zu Hause eben.

Andernorts freilich träumt man von solchen Größenverhältnissen und hat sich zu bescheiden, nach dem Motto, dass Platz auch in der kleinsten Hütte ist. Die Regensburgerin Iris Mönch-Hahn betreibt eine Buchhandlung auf einer Fläche von gerade mal zwanzig Quadratmetern, in Paris, wo sie mit ihrer Librairie Allemande die inzwischen letzte deutschsprachige Buchhandlung in der Stadt führt. Sie weist bereits eine turbulente Geschichte auf, denn die Anfänge des kleinen Ladengeschäfts hatte sich Iris Mönch-Hahn anders vorgestellt. 2015 eröffnete sie im Quartier Latin, wenige Schritte von Notre-Dame und von Paris' ältestem Baum, einer 1601 gepflanzten Robinie, entfernt, ihre Librairie – in der Hoffnung, dass die in Paris lebenden Deutschen, Österreicher und Schweizer und alle an deutscher Literatur interessierten Franzosen ihr Angebot annehmen und die hier beheimateten deutschen Kulturinstitutionen zu ihren Stammkunden werden würden.

Iris Mönch-Hahn, die das Geschäft mit Büchern von der Pike auf gelernt hat, musste bald einsehen, dass sich die Realität nicht an ihre Budgetpläne hielt. Dass man in Paris generell mit schwierigen ökonomischen Rahmenbedingungen zu kämpfen hat, ist kein Geheimnis. Es sind nicht nur satte Mieten zu entrichten, sondern darüber hinaus hat man vorab für eine stattliche Summe das Recht an diesem Mietvertrag – das »droit au bail« – zu erwerben. Iris Mönch-Hahns Optimismus nutzte nichts: Mitte 2017 kam sie nicht umhin, ihre Librairie Allemande in der Rue Frédéric-Sauton aufzugeben.

Was wie ein Schlussakkord klang, nahm kurz darauf jedoch eine neue Wendung: Der energiegeladenen Buchhändlerin wurde nur zweihundert Meter von ihrem alten Standort entfernt, in der Rue Du Sommerard, ein kleiner Laden zu günstigerer Miete angeboten – eine Gelegenheit, die sie beim Schopf ergriff, sodass Anfang Februar 2018 die »réouverture« der Librairie Allemande gefeiert werden konnte.

Die neue Lage scheint günstiger zu sein: Universitätsinstitute liegen in unmittelbarer Nähe, ebenso wie das Musée de Cluny. Die nach dem Archäologen und Kunstsammler Alexandre Du Sommerard benannte Straße ist zudem ein buchaffiner Ort mit mehreren unterschiedlich ausgerichteten Buchhandlungen. Auch zur Rue des Ecoles, wo einer der am besten sortierten Pariser Buchläden, Compagnie, seinen Sitz hat, ist es nicht weit. Unter der Hausnummer 27 sind die Editions Ivrea situiert, die unter anderem die Schriften von Kurt Schwitters, Günther Anders und Karl Kraus auf Französisch verlegen. Und wer noch mehr literarischen Zuspruch benötigt, geht zwei Häuser weiter und steht vor dem Haus, in dem Laurent Pasquier, Held in Georges Duhamels Familiensaga *La chronique des Pasquier* lange Jahre seinen (fiktiven) Wohnsitz hatte.

Zwanzig Quadratmeter, wie gesagt, umfasst die Librairie Allemande, eine winzige, doch intelligent bestückte Fläche, die Eleganz ausstrahlt. Inmitten des Raums hängt eine Designerleuchte Ingo Maurers, an der Kunden ihre handgeschriebenen Lieblingsgedichte anheften können, und das Schweizer Regalsystem zeigt sofort, dass die Besitzerin zwar hart kalkuliert, aber nicht am falschen Ende sparen will. Das Sortiment umfasst, neben Klassikern aus den Häusern Reclam oder Insel, vor allem aktuelle deutschsprachige Gegenwartsbelletristik von Clemens Setz, Svenja Leiber oder Peter Stamm. Dazu kommen Werke zur deutschen Kultur und Sachbücher wie Heinz Budes *Adorno für Ruinenkinder*, die französischen Kunden Phänomene der deutschen Zeitgeschichte nahebringen sollen. Dass Sprachlernbücher nicht fehlen und auf einem Paris-Regal selbstverständlich Stefan Ulrichs *Lieblingsorte: Paris* oder Vincent Klinks *Ein Bauch spaziert durch Paris* ihren Platz haben, versteht sich fast von selbst.

Will diese letzte deutsche Buchhandlung in Paris überleben, braucht sie Kunden, die das persönliche Gespräch schätzen und die nicht den bequemen Weg der Internetbestellung gehen. Jedes deutsche Buch wird zum gebundenen Ladenpreis verkauft; die Beschaffungskosten hat wohl oder übel Iris Mönch-Hahn zu tragen. Sie scheint genügend Ausdauer zu besitzen, um diesen Kampf, der manchmal wie ein Sisyphus-Kampf aussieht, bestehen zu können. Wo so ausgiebig wie seit Jahren nicht mehr über den Ausbau der deutsch-französischen (Kultur-)Beziehungen gesprochen wird und wo es sich Kulturstaatsministerin Monika Grütters, anlässlich der Verleihung des Franz-Hessel-Preises, nicht nehmen ließ, der Librairie Allemande einen ausgiebigen Besuch abzustatten, da braucht es einen solchen Ort des Austausches offenbar mehr denn je.

Als ich beim letzten Mal Iris Mönch-Hahns charmanten Laden verlassen wollte, trat ein Kunde ein und fragte nach der Taschenbuchausgabe von Stefan Zweigs *Die Welt von Gestern. Erinnerungen eines Europäers* – hoffentlich kein schlechtes Omen für die Librairie Allemande in Paris.

Apropos zwanzig Quadratmeter: Auch am Kornmarkt in Heidelberg befindet sich eine Buchhandlung, die mit dieser Raumgröße auskommen muss. Artes liberales heißt sie, wurde von Clemens Bellut 2013 gegründet und bereits zwei Jahre später mit dem Hauptpreis des Deutschen Buchhandlungspreises ausgezeichnet. Wie überraschend eine Geschäftsidee umgesetzt werden kann, hat ihr Inhaber in einem Interview ausgeführt: »Ich hatte das zufällige Glück, fast ohne irgendeine Suche eine wahrlich traumschöne Wohnung am Kornmarkt beziehen zu dürfen – was ich damals eher noch für eine kostenintensive Urlaubssituation hielt. Als es aber um die Frage ging, welche Einrichtungen künftig in ›unserem‹ schönen Haus in die noch unvermieteten Ladengeschäfte einziehen würden, traf sich diese gelinde Sorge mit der entbehrenden ersten Erfahrung, dass ich eine Art von Buchladen, wie ich ihn in allen ›meinen Städten‹ (Bonn, Tübingen, Frankfurt, Zürich) gefunden und seither unbedacht für selbstverständlich gehalten hatte, in Heidelberg nicht mehr finden konnte. Und so bin ich auf die verwegene Idee verfallen, selbst als völlig unausgebildeter und unkaufmännischer, alternder Zeitgenosse für Abhilfe zu sorgen.«

So entstand artes liberales, ein – so die Eigenwerbung – »Buchladen für Philosophie, Dichtung, Künste, Wissenschaften und für alle Bestellungen«, dessen Sortiment sich, so Bellut, von seiner privaten Bibliothek kaum unterscheide. Ganze 1.500 Titel hat artes liberales vorrätig, doch vermutlich ist es gerade diese erlesene, überschaubare Größe, die die Menschen in den winzigen Laden lockt. Dass ich mit Clemens Bellut in den 1980er-Jahren im germanistischen Oberseminar von Klaus-Peter Philippi in Tübingen saß, ist eine andere Geschichte … Damals verkehrte er selbst noch in der ehrwürdigen Buchhandlung Gastl, wo der Geist des 1977 verstorbenen Philosophen Ernst Bloch durchs Obergeschoss wehte.

6

DIE UNVERWÜSTLICHKEIT DER (WASSERGLAS-)LESUNGEN

Totgesagte leben länger. Ende der 1990er-Jahre machte sich nicht zuletzt durch medial vorangetriebene Phänomene wie die »Pop-Literatur« die Anschauung breit, dass die Zeit der »klassischen« Lesung passé sei und es auch im literarischen Bereich darum gehe, lautstark-schrille »Events« zu schaffen. Wo der Literatur die Aufgabe zugeschrieben wurde zu unterhalten, da durfte die Vermittlung von Literatur nicht hintanstehen. Literatur habe, ablesbar am Boom der Festivals, mit anderen Großereignissen zu konkurrieren und sei am leichtesten zu konsumieren, wenn man berühmte Schauspieler oder Fernsehmoderatoren einbeziehe und die Zumutung eines großen Romans durch Musikbeschallung oder kulinarische Begleitprogramme erträglich mache. Ein paar Jahre später trat der damals in Hildesheim lehrende Kulturwissenschaftler Stephan Porombka auf den Plan und rief vollmundig das Ende der sogenannten Wasserglaslesung aus. Diese verkörpere einen »recht alten Literaturbegriff«, stehe für die »gute alte protestantische Literaturkirche« und für einen »Literaturbegriff«, der »aus der Perspektive der Mediengesellschaft überholt« sei. Stattdessen gelte es, so Porombka, die »Medienkonkurrenz«

und triviale Literaturformen einzubeziehen, um den heutigen »Umgängen mit Texten« gerecht zu werden.

Das klang avanciert und schien einer im deutschsprachigen Raum innig geliebten Veranstaltungsform den Garaus machen zu wollen. Gewiss, die Lesung, wie wir sie hierzulande kennen, erfreut sich in anderen Ländern einer geringeren Beliebtheit. Wer Autoren aus den USA, Großbritannien oder Frankreich zu Gast hat, trifft häufig auf verwunderte Blicke. Warum hört ein Publikum geduldig Autoren zu, die in spartanischem Ambiente – allenfalls angereichert von einem Glas mit stillem Wasser – eine Stunde lang aus einem bereits erschienenen Roman lesen, den man sich bequem auf dem häuslichen Sofa zu Gemüte führen könnte? In Paris oder New York kennt man dergleichen kaum; da dominieren Signierstunden oder Gesprächsrunden, und wenn sich eine Lesung gar nicht vermeiden lässt, versucht man sie recht kurz zu halten. Als ich in der Londoner Daunt-Books-Filiale in der Marylebone High Street den Geschäftsführer nach seinen Veranstaltungsformaten befragte, schleuderte er mir lachend ein »Oh, I hate readings!« entgegen.

In Deutschland, Österreich und der Schweiz ist das anders. Da gehören (moderierte) Lesungen zum festen Inventar der Veranstaltungsformate und erleben in den letzten Jahren sogar neuen Zulauf. Wie kritisch es gegenwärtig um das Ansehen von Literatur oder um die Zukunft des Buches bestellt sein mag – an der Popularität von Lesungen besteht kein Zweifel. Im Gegenteil, überall werden neue Formate kreiert, schießen Festivals aus dem Boden, und überall geht es darum, Schriftstellern zu lauschen und sie näher kennenzulernen. Dass Dutzende, ja Hunderte von Menschen zusammenkommen, um Schriftstellern nahe zu sein – das ist ein offenbar nicht wegzudenkendes Phänomen unserer Kultur. Die »Aura« des Dichters ist auch in Onlinezeiten kein Klischee von gestern, ja scheint geradezu ein bedeutsam werdender Faktor zu werden. Wir möchten hören, wie der Dichter liest, wie er sich gibt und wie er über seinen Text spricht, und wir wollen seine Signatur nach Hause tragen.

Man muss keinen Geniekult pflegen, um zu erkennen, dass es ein wachsendes Bedürfnis gibt, schlichte Wasserglaslesungen zu besuchen, wo es kein Brimborium, keine Musikbeschallung, keine Powerpoint-Präsentation, keine Weinverkostung gibt, allenfalls ein fundiertes Gespräch mit dem Autor, der zuvor seine Sätze auf die Zuhörer hat wirken lassen. Ja, es scheint so, als sei das literaturaffine Publikum einer Überinstrumentalisierung inzwischen überdrüssig geworden und verspüre eine Sehnsucht nach dem »Eigentlichen«, nach dem Text. Vielleicht ist die Wasserglaslesung ja eine der letzten Bastionen gegen allen Twitter- und Facebook-Wahn, der meint, Texte sofort mit Kommentaren versehen zu müssen, und in Texten nur Selbstbestätigungs- oder Widerspruchsanlässe sieht.

Autorenlesungen werden besucht, weil sie die einmalige Gelegenheit bieten, den Künstler live zu erleben, ihn unmittelbar mit seinen Werken in Verbindung zu setzen. Das galt lange Zeit als verpönt, da man darin die Unterstützung einer biografistischen Lesart und eines abgehalfterten

Geniekults sah. Und natürlich schwingen bei Lesungen immer außerliterarische Momente mit, Momente, die mit der Ausstrahlung des Dichters zu tun haben. Das mag man beklagen; ändern wird man das indes nur, wenn man Lesungen abschafft.

Sich eine Stunde auf die Lesung eines Romans einzulassen ist eine Herausforderung. Die simple Grundsituation – Autor auf der Bühne, lesend und gelegentlich am Glas nippend (oder wie Feridun Zaimoglu mehrere Karaffen eiskalten Wassers leerend), Publikum still zuhörend – ist eine Zumutung, zumal wenn es sich um komplexe ästhetische Gebilde handelt, die da zu Gehör gebracht werden. Doch wann war große, bedeutende Literatur jemals leicht zu konsumieren? Wenn man daran festhält, dass Literatur als sprachliches Kunstwerk sich kategoriell von anderen Formen der Rede unterscheidet, dann gehört dieses Fremdartige und Unerhörte zum Wesen von Literatur und zum Wesen von Lesungen. Wo überall in der Gesellschaft eine Tendenz zur Häppchenkultur und zur vorauseilenden Unterforderung der Konsumenten festzustellen ist, ist die Wasserglaslesung ein notwendiges Korrektiv, gleichsam ein Bollwerk gegen den Unterhaltungs- und Verdummungswahn selbst derjenigen, die an kulturellen Schaltstellen der Gesellschaft sitzen.

Lesungen finden in Bibliotheken, Kulturinstitutionen, Clubs und Literaturhäusern statt. Und natürlich in Buchhandlungen, wo sie vielerorts deren Ansehen in der Stadt begründen. Zum Glück gibt es immer noch unerschrockene Buchhändlerinnen und Buchhändler, die – obwohl sie keine Subventionen der öffentlichen Hand bekommen – nicht davon abzuhalten sind, Autoren von weit her anreisen zu lassen, um sie ihren dankbaren Gästen zu präsentieren. Lesungen schaffen Kundenbindung; sie sind wirtschaftlich meistens ein Minusgeschäft, selbst wenn der Signiertisch am Ende des Abends umlagert ist. Man hat ein Honorar, Reise- und Übernachtungskosten zu tragen – in der Hoffnung, dass Lesungen das Profil schärfen und deren Besucher zu Stammkunden werden. Auch die berühmt-berüchtigten »Fragen aus dem Publikum«, die eine echte Wasserglaslesung erst krönen, erträgt man so viel leichter. Wer möchte schon auf ein aufrichtig vorgetragenes »Warum schreiben Sie?« verzichten?

Schriftsteller, die zu einer Lesung eingeladen werden, sind meistens freundliche Gäste, weil man sie ja zu einer Lesung eingeladen hat. Die Klugen unter ihnen wissen zudem, dass man die Macht des Sortiments und der Mundpropaganda nie unterschätzen sollte. Ein Altmeister wie Siegfried Lenz ließ es sich nicht nehmen, sich mit Engelsgeduld auf seine Leser einzulassen, und zeigte sogar Nachsicht, wenn diese Leinenbeutel mit Erstausgaben aus den 1950-Jahren anschleppten. Und Diogenes-Autor Benedict Wells ist binnen kurzer Zeit zu *everybody's darling* im Handel aufgestiegen, weil er sich Zeit für jede Frage nimmt und den Signiertisch oft erst nach ein, zwei Stunden verlässt.

Aber: Jeder Buchhändler mit reichem Erfahrungsschatz weiß, dass manche Schriftsteller besonders sensible Künstlernaturen sind, öffentlichen Auftritten folglich ängstlich entgegensehen und Erwartungen haben, die Veranstaltern den Schweiß auf die Stirn treiben. Walter Kempowski zum Beispiel war ein solcher Fall und galt, je nach Abendlaune, als komplizierter Gast, der – vor allem wenn Hotel oder Verköstigung nicht seinen Erwartungen entsprachen – es niemandem leicht machte. So konnte es vorkommen, dass er nach Veranstaltungen apodiktisch beschied: »Ich signiere keine Taschenbücher!« Eine Buchhändlerin aus Hamburg-Niendorf wiederum verfügt zwar nicht über schlechte Kempowski-Erfahrungen, doch ihr ist dafür ein Abend mit einem graumelierten Gewinner des Deutschen Buchpreises in leidvoller Erinnerung. Bei der Besichtigung der Veranstaltungsräumlichkeiten gab der Preisgekrönte als Erstes die legendären Sätze »Die Tisch-Stuhl-Sitzachse ist nicht korrekt. Ich brauche neues Mobiliar« zum Besten. Keine Frage, ein vielsagender Auftakt für einen Abend, der für die Buchhändlerin noch weitere Herausforderungen bereithielt …

Und seien wir ehrlich: Es gibt Lesungen, die anstrengen und ermüden, es gibt Autoren, die zwar freundliche Zeitgenossen sind, aber nuscheln, wortkarg sind, zu lange lesen oder sich generell vor Publikum erschrecken. Man erinnere sich nur an Loriots Film *Papa ante portas*, der eine besonders schöne und schön abschreckende, im Schluckauf-Chaos endende Lesungsszene enthält: Der Frühpensionär Heinrich Lohse besucht – um seine Langeweile der Nicht-mehr-Berufstätigkeit zu überbrücken – die Lesung des arrivierten Autors Frohwein, eine Art Peter-Handke-Verschnitt, der sein strammes Programm folgendermaßen ankündigt: »Zu Beginn werde ich 22 Gedichte aus dem Zyklus *Abschied* lesen. Dann – etwas lauter bitte! – acht Balladen aus meiner frühen Schaffensperiode, gefolgt von der Sonetten-Sammlung *Die 12 Monate*. Hierauf drei Kapitel aus dem Roman *Empedokles* und zum Schluss ein Trauerspiel in drei Akten mit dem Titel *Goethe in Halberstadt*. Dann haben wir Gelegenheit, miteinander zu sprechen.«

Auf eine andere psychologisch interessante Begleiterscheinung von Lesungen hat die Wiener Autorin und Buchhändlerin Petra Hartlieb in ihrem Mut machenden Buch *Meine wundervolle Buchhandlung* hingewiesen, durch das sie zur bekanntesten Zunftvertreterin in Österreich wurde: »Und so sitze ich an vielen Abenden im Jahr in der zugigsten Ecke des Veranstaltungsraums hinter einem Tisch mit Büchern und einer kleinen Geldkassette. Ich bin die Person, die keinen Namen hat .., ich bin die *Büchertischbetreuerin*. Denn kaum ist die Buchhändlerin nicht mehr in ihrer Buchhandlung, sondern hinter einem Tisch, ändert sich ihre Position gewaltig. In meinem Laden bin ich kompetente Ansprechpartnerin, Expertin und Chefin, und viele Kundinnen sind sehr glücklich, wenn sie von mir persönlich beraten werden. Bewege ich mich jedoch in freier Wildbahn, sprich hinter einem Büchertisch in Gasthaus, Galerie, Theaterfoyer et cetera, werde ich zum gesichtslosen Wesen, zur subalternen Verkäuferin. (…) Der Büchertisch ist wie eine Wand zwischen mir und den Protagonisten des Abends. Autoren und Verleger, mit denen ich auf verschiedenen Partys interessante Gespräche geführt habe, gehen an mir vorbei, als würden sie mich nicht kennen.«

In ihrer eigenen Buchhandlung würde Petra Hartlieb, wie gesagt, keine vergleichbare Missachtung widerfahren. Dort ist sie die energische Regentin – wenn sie sich nicht zurückzieht, um selbst Romane zu schreiben. Wer ihr Geschäft im Neunten Wiener Gemeindebezirk, in der Währinger Straße unweit der Volksoper, betritt, staunt vor allem und immer wieder über das nicht zu überblickende Sortiment. Allein die Fülle des Dargebotenen mehrt das Glück der Eintretenden mit einem Schlag; bis zur Decke reicht das literarisch kompromisslos ausgewählte Angebot, sodass die obersten Regalbretter nur mit einer Leiter zu erreichen sind. Ein Glück, dass Petra Hartlieb und ihr Team genau zu wissen scheinen, wo dieser und wo jener Titel sein Plätzchen gefunden hat.

Von allen möglichen Unannehmlichkeiten, die Autorenlesungen mit sich bringen können, lassen sich wackere Buchhändler von Flensburg bis Klagenfurt nicht abschrecken. Sie organisieren unverdrossen Lesungen und blühen bei selbigen auf. Eine von ihnen – sie sei stellvertretend für sehr viele genannt – heißt Petra Dittrich und betreibt seit zehn Jahren mitten auf Rügen, in Gingst, eine florierende Buchhandlung. Zweimal bereits ist sie mit dem Deutschen Buchhandlungspreis ausgezeichnet worden, und sie weiß genau, was sie den Rüganern und den zahlreichen Touristen zu bieten hat. Regionalia sind natürlich unabdingbar, und alles, was sich über Rügen oder Hiddensee erzählen lässt, findet sich in ihren Auslagen. Dazu ein ausgewähltes Angebot an Kinder- und Jugendbuchliteratur, ein Literaturprogramm, das Kleinverlage und Randständiges berücksichtigt, und eine kaum zu überblickende Vielfalt an bunten Porzellankatzen. Treue Kunden dürfen zudem darauf spekulieren, dass ein Buchkauf mit einem Gläschen Sanddornlikör belohnt wird.

Zur Hochform läuft die Kommunikationsvirtuosin Dittrich auf, wenn sie Veranstaltungen organisieren und ein Jahresprogramm auf die Beine stellen darf, das sich sehen lassen kann. Rund ein Dutzend Veranstaltungen finden alljährlich statt, meistens nicht in ihrer dafür zu kleinen Buchhandlung am Gingster Markt, sondern gut zehn Kilometer entfernt in der Vaschvitzer Kunstscheune, die ihr ein Berliner Freund und Unterstützer zur Verfügung stellt. 120 Gäste finden dort Platz, und zu den Autoren, die in den letzten Jahren das abgeschiedene Vaschvitz aufsuchten, gehören Mariana Leky, Iris Wolff, Judith Taschler, Terézia Mora, Hanns-Josef Ortheil, Gregor Gysi oder Thomas Raab. Petra Dittrichs einnehmendem Wesen kann man sich schwerlich entziehen – was dazu führt, dass der Buchabsatz bei ihren Lesungen enorm ist. Wo andernorts Freude aufkommt, wenn zwanzig Prozent der Lesungsgäste im Anschluss ein Exemplar erstehen, passiert es in Vaschvitz nicht selten, dass die Nicht-Käufer in der Minderheit sind. Vermutlich sind auch Angstkäufe dabei, denn wie wollte man dieser Buchhändlerin verständlich machen, sein Geld anderweitig zu investieren?

Buchhändler haben viel zu erzählen, wenn sie regelmäßig auf Autoren treffen. Doch umgekehrt gilt das nicht minder: Selbst die leidendsten Schriftsteller, die so tun, als seien Lesereisen immense Belastungen, freuen sich insgeheim, auf diesen Absonderliches und Merkwürdiges zu erleben. Vor allem Autoren, denen nichts mehr einfällt, haben zuletzt in ihrer Verzweiflung Texte vorgelegt, die fast nur von dem handeln, was sie in Literaturhäusern oder Buchhandlungen erleben. »Was ich auf meinen Lesereisen erlebte« ist inzwischen fast zu einem eigenständigen Genre geworden. Man greife zum Beispiel zu Hellmuth Karaseks *Auf Reisen. Wie ich mir Deutschland erlesen habe.*

Lesungen sind also, in Zeiten schwindender Absatzzahlen, für Autoren zu einer wichtigen Einnahmequelle geworden und, wie gesagt, nicht zu selten zu einer Quelle der Inspiration. Denn nicht immer fällt einem ein, wovon die nächsten Geschichten handeln könnten, sodass sich, wenn man partout kein Thema hat, wunderbar von den Schönheiten oder besser noch: von den Schrecken einer Lesereise erzählen lässt. Und was kann einem nicht alles widerfahren, wenn man in Murrhardt, Anklam, Wanne-Eickel oder Freilassing aufzutreten hat und auf völlig unerwartete Begleitumstände trifft.

Da gibt es Veranstaltungsräume, die nach kaltem Döner riechen, Hotels, deren Auslegeware es verbietet, sich die

Socken auszuziehen, und Volkshochschulleiter, die bei der Begrüßung signalisieren, dass sie lieber das Champions-League-Spiel im Fernsehen sähen und keine Zeile des zur Rede stehenden Buches gelesen haben. Ganz abgesehen von den Segnungen, die die Deutsche Bahn Tag für Tag bereithält, und von den Abenden, zu denen sich außer dem Veranstalter und seinen Angehörigen keine weitere Menschenseele einfindet.

Wie kompliziert die Sachlage ist, zeigt das von Klaus Siblewski und Hanns-Josef Ortheil herausgegebene höchst amüsante Bändchen *Die ideale Lesung*, das seinen Ausgang von einem Wiener Archivfund nahm. Dort entdeckte Lektor Siblewski ein mehrseitiges Manuskript des österreichischen Wortjongleurs Ernst Jandl. Für den waren Lesungen Inszenierungen seiner Arbeit, die mit größter Sorgfalt vorbereitet wurden. Leidgeprüft entschloss sich Jandl, seinen Veranstaltern »Hinweise« mit auf den Weg zu geben – in der Hoffnung, seine Auftritte so zu perfektionieren und Konflikten vorzubeugen. Nichts, so scheint es, wollte Jandl dem Zufall überlassen. Einen »angenehmen Stuhl« galt es bereitzuhalten, »stilles, temperiertes Wasser« ebenso. Das Hotelzimmer musste einen Fahrstuhl aufweisen; vor dem Signieren pflegte Autor Jandl, der ja weit mehr als ein bloßer Rezitator war, eine Rauchpause einzulegen, »private Autogrammjäger« mit »ganzen Kofferladungen längst vergriffener Bücher« waren fernzuhalten. Und auch das, was nach getaner Arbeit folgte, wurde von Ernst Jandl sorgsam bedacht: »Nach der Veranstaltung ist Ernst Jandl einem geselligen Beisammensein in kleinem Kreis sehr aufgeschlossen. Eine Tischreservierung in einem gutbürgerlichen Lokal ist dem Autor willkommen. Bitte fragen Sie aber vorher nach, wann die Küche schließt, da Sie unter Umständen erst gegen 23 Uhr im Lokal sein werden.«

Jandls Bemühungen, nichts außer Acht zu lassen, ist anregend – gerade für seine nachgeborenen Kolleginnen und Kollegen. Siblewski und Ortheil haben sich folglich aufgemacht, rund zwei Dutzend Autoren – von Alex Capus bis Ron Winkler – nach ihrem »schönsten/grausamsten Lesungserlebnis« und ihrem Traum einer unübertrefflichen Lesung zu befragen. Herausgekommen sind dabei höchst unterschiedliche Erfahrungsberichte, Mängel- und Sehnsuchtslisten, die zeigen, dass das Auftreten manchen mehr als das Schreiben selbst zu beschäftigen, ja zu quälen scheint. Max Goldt zum Beispiel weiß von Wespenattacken, auf die Bühne springenden Riesenhunden und explodierenden Lampen zu berichten, Kerstin Hensel von der Inhaberin eines Frauenbuchladens, die Einlass begehrende Männer notfalls mit einer Pistole abzuwehren bereit war, und Nadja Küchenmeister von ihrer Angst, Erdnussflips kredenzt zu bekommen, »da sie durch den Anblick von Erdnussflips an eine Zeit in ihrem Leben erinnert wird, an die sie während einer Lesung nicht erinnert werden möchte«.

Zu den nachhaltigsten Schmerzen, die Autoren verarbeiten müssen, gehört die Erkenntnis, dass man sie eher aus Versehen eingeladen hat, dass man einen anderen viel lieber lesend gesehen hätte. Alain Claude Sulzer berichtet so glaubhaft vom Versprecher einer Buchhändlerin, der tief blicken lässt. Nach dem Aufsagen eines Wikipedia zu verdankenden biografischen Abrisses hieß sie Sulzer herzlich willkommen – mit dem Schönheitsfehler, dass sie ihn als »Alain Claude Suter« ankündigte. Wer will es dem so fatal falsch Avisierten übel nehmen, dass seine Gedanken sofort zu kreisen begannen: »Hätte sie dem begierigen Publikum lieber Martin Suter präsentiert? Natürlich. Wie könnte man den Lapsus anders interpretieren? War er zu teuer? Natürlich war er zu teuer! Also kramte die Veranstalterin in ihrem Gedächtnis oder ging vor ihrer Bücherwand auf und ab, wo Sulzer Schulter an Schulter neben Suter steht, und dachte sich: Suter kann ich mir nicht leisten, Sulzer schon, warum also nicht Sulzer?«

Erfahrene Auftrittskünstler wissen mit diesen und anderen Schmerzen umzugehen. Im Lauf der Jahre härtet man ab, eignet sich selbst Formen der subtilen Rache an, um mit missliebigen Veranstaltern und Zuhörern zurechtzukommen. Friederike Mayröcker beantwortet unsinnige Einwürfe knallhart: »Fragt jemand ›Wie schreiben Sie eigentlich?‹, antworte ich ›Ich schreibe etwa, wie Francis Bacon malt‹« – was mit großer Wahrscheinlichkeit keine peinigenden Rückfragen nach sich zieht. Und Michael Krüger weiß genau, wie man ein eventuell ungeduldiges oder ermüdet wirkendes Publikum in Sicherheit wiegt und bei Laune hält. Sein Ratschlag an einen ungeübten Lyriker lautet deshalb: »Auch zu lange Pausen verstören das Publikum und führen zu sofortiger Abwanderung. Gar nicht darf er fragen, ob es nun genug sei, weil die Gefahr des sofortigen Aufbruchs aller Zuhörer besteht. Auch die dreifache Wiederholung eines Gedichts über den Anblick von Venedig von der Lagune aus führt zu Unmut, weil unterstellt wird, dass keiner der Zuhörer je in Venedig war. Am besten also nach der Hälfte sagen: Ich komme bald zum Schluss.«

So gehören auch Notlügen zum Geschäft, denn das Potenzial des Misslingens ist unerschöpflich. John von Düffel weiß gar 99 Möglichkeiten für eine »nichtideale Lesung« zu nennen, eine davon ist für die Mutigen, die in der ersten Reihe Platz nehmen, besonders unerfreulich: »Dein Mund ist trocken, aber deine Aussprache feucht.«

Die Sammlung von denkbaren Lesungskatastrophen, die Siblewski und Ortheil zusammengetragen haben, ist eine Hilfe für Buchhändler. Sie macht diesen aber womöglich auch Angst, und so kann es gut sein, dass der eine oder andere Abstand nimmt, einen real existierenden Autor zu präsentieren, und stattdessen aus *Die ideale Lesung* lesen lässt. Von zwei, drei Schauspielern etwa. Obwohl … stehen diese nicht im Ruf, noch kapriziöser als Autoren zu sein?

Man sieht es: Schriftsteller und Buchhändler befruchten einander aufs Schönste, und so sollten wir dankbar sein, dass das Format »Lesung« blüht und gedeiht, und dass einer Buchhandlung, in der nie Autoren zu Gast sind, etwas fehlt. Eventuell lässt sich das Wasser im Glas durch Weißwein ersetzen.

7

MACHT LESEN GLÜCKLICH?

Es ist ein Kampf, sich als Buchhändlerin, als Buchhändler heutzutage zu behaupten. Innenstädte, die veröden, das Internet, das es so leicht macht, Bestellungen vom Sofa aus zu tätigen, Leser- und Absatzzahlen, die sinken – an Klagegründen mangelt es nicht, und es bedarf großer Anstrengungen, um sich dem zu widersetzen. Die Geschichten, die ich in den vorangegangenen Kapiteln erzählt habe, sind Beispiele solchen Widerstands, sind Erfolgsgeschichten, die mal in Maastricht, mal auf Rügen, mal in Wien und mal in Herne spielen. Man muss kein nostalgischer Schwärmer sein, der so tut, als seien die Äpfel früher schmackhafter, der Fußball ansehnlicher und das Buchhandlungswesen besser gewesen, um von den »Leseparadiesen«, die Buchhandlungen bilden, begeistert zu sein. Es genügt, davon zu erzählen und sich vom Feuer leidenschaftlicher Buchhändlerinnen und Buchhändler anstecken zu lassen. Dennoch gehöre ich nicht zu denjenigen, die alle Alarmzeichen und Missstände ignorieren und mit Sätzen wie »Bücher wird es immer geben« oder »Das Haptische von Büchern ist durch nichts zu ersetzen« den Kopf in den Sand stecken. Und bei manchen Hymnen auf das Lesen reagiere ich mittlerweile allergisch …

Offen gesagt: ich kann es nicht mehr hören – und lesen. Dieses trunkene Anfeuerungsgerede, diese quietschvergnügte Selbstaufmunterung, diese suggestive Einflüsterung, dass ein menschenwürdiges Leben nur denjenigen beschieden sei, die lesen. Seit Jahren geistert dieser unheilvolle, inhaltsarme Satz durch die Feuilletons, durch Buchempfehlungsblogs und durch den Ratgebermarkt: »Lesen macht glücklich!« Eine Behauptung, die auf vielen halbwahren und halbgaren Voraussetzungen beruht und die durch kraftvolles Wiederholen nicht einsichtiger wird. Natürlich propagieren das Leseglück vor allem diejenigen, die von Berufs wegen an die Unverzichtbarkeit und an den Nutzen von Lektüre glauben, glauben wollen: Lektoren, Büchereidirektoren, Literaturkritiker, Verleger und manchmal, na klar, Buchhändler. So wie sich Klempner irgendwann die Überzeugung angeeignet haben, dass ein gesichertes, glückliches Leben nur durch zuverlässige Klempnerdienste und unverstopfte Rohre zu erlangen sei.

Natürlich geht es den Lesepropagandisten nicht um jede x-beliebige Art des Lesens. Besonderen Stellenwert erhält seit jeher die Belletristik, deren konkreter Nutzen vage zu definieren ist und die sich deshalb so schön mit dem nicht minder diffusen Begriff des Glücks kombinieren lässt. Was vielleicht schon der erste Grundirrtum ist, denn als glücklich zu bezeichnen ist wohl eher derjenige, der pragmatische, fassliche Werke wie *Leicht gemacht: Pasta – 100 einfache Rezepte* oder *Schrauber-Handbuch Traktor-Oldtimer: Restaurieren und reparieren* konsultiert. Die intensive

Lektüre dieser Standardwerke bringt nämlich einen Effekt hervor, der mit Händen, ja, mit allen Sinnen zu greifen ist. Wer diese Anleitungen sorgfältig studiert, wird schon nach wenigen Wochen in der Lage sein, ordentliche Penne al gorgonzola zuzubereiten und einen klitzekleinen Traktor instand zu setzen – und so herrliche Befriedigung, ja, womöglich Glück erfahren. Wie anders sieht es da mit der Fiktion aus, mit jenen oft tieftraurigen Geschichten von scheiternden Ehen, unschönen Selbstmorden und blutigen Kriegen? Daraus Elemente herauszufiltern, die zur Lebensbereicherung beitragen, ist ein komplexer Vorgang, der mit der Werbefloskel »Lesen macht glücklich!« nur ansatzweise erfasst wird.

Im dunklen Wald lärmen wir gern, um unsere Angst vor Hexen und Monstern zu vertreiben. Und aus diesem Grund werden die flammenden Leseappelle in letzter Zeit immer lauter und schriller. Je eindeutiger Statistiken belegen, dass die Zahl der lesenden Menschen abnimmt, je häufiger Schüler daran scheitern, »Ganztexte« von zwanzig Seiten zu verstehen, je klarer wird, dass es außer Emmanuel Macron nur noch Politiker gibt, die in Alibiinterviews angeben, sich im Urlaub gern ein »gutes Buch« (bevorzugt Biografien) zu Gemüte zu führen, desto lauter schlagen die Leseapologeten Alarm. Die flamboyante Empfehlerin Elke Heidenreich hielt schon 2003 fest: »Ohne Lesen verblöden wir. Lesen macht glücklich, davon gehe ich aus«, und vier Jahre später legte Stefan Bollmann mit *Warum Lesen glücklich macht* nach. Damit nicht genug: Bald schon sattelte derselbe Autor noch zwei drauf, mit seinen Büchern

Frauen, die lesen, sind gefährlich und klug und *Warum ein Leben ohne Goethe sinnlos ist* – als hätte Loriots gern zitiertes Diktum »Ein Leben ohne Möpse ist möglich, aber sinnlos« nicht völlig ausgereicht.

So geht das in einem fort, zuletzt in einer *Gebrauchsanweisung fürs Lesen*, die Felicitas von Lovenberg, die ehemalige Literaturchefin der *Frankfurter Allgemeinen Zeitung* und heutige Piper-Verlagsleiterin auf den Markt gebracht hat. Während sich die erfolgreiche »Gebrauchsanweisung«-Reihe früher darauf beschränkte, praktische Hinweise für Reisen nach Sizilien oder Norwegen zu geben, scheint es nun an der Zeit, Beipackzettel fürs Lesen zu liefern. Das Cover zeigt übrigens eine kopflose Frau in Ankle-Jeans, die ihre Finger- und Zehennägel apart rot lackiert hat und eigentümlicherweise in einem Blankbuch liest.

Die Gebrauchsanweisung fürs Lesen tut, was alle tun, die Angst vor dem Verlust einer sehr alten Kulturtechnik haben: Sie lässt alte Leseratten wie Umberto Eco zu Wort kommen und zitiert aus zahllosen Studien, die das Lesen keineswegs nur als Bildungs- oder Erkenntnisvehikel preisen. Nein, das »gute, wahre, schöne vertiefte Lesen« versteht sich so als Allzweckwaffe, sorgt, wenn man nur früh genug damit beginnt, für ein höheres Einkommen, eine längere Lebenserwartung und ein kritisches Bewusstsein. Selbstverständlich fördert es, so Lovenberg, die emotionale Intelligenz und die Empathiefähigkeit, macht uns – wenn schon, denn schon – zu besseren Menschen: »Romanleser sind überdies versiert im Zwischenmenschlichen und nachweislich freundlicher und einfühlsamer.«

Kein Wunder, dass diese Gebrauchsanweisung, die eher eine Gebrauchsaufforderung ist, eine Kapitelüberschrift wie »Lesen macht glücklich – und gut« aufweist und uns in Versuchung bringt, ein paar Fontane- oder Dickens-Gesamtausgaben ins Weiße Haus oder nach Nordkorea zu schicken. Beiseiteschieben müssen wir in diesen Momenten, dass es recht unsympathische Literaturenthusiasten gibt, dass Joseph Goebbels promovierter Germanist war und erhöhter Kunstgenuss zahllose Verbrecher nicht von ihrem Tun abgehalten hat.

Wo immer das Lesen als glücksstiftende Maßnahme gefeiert wird, bleiben störende Faktoren außen vor. Kein Wort davon, dass es – jede Buchmesse liefert Hunderte von Belegen – sehr viele anödende, peinigende, das Unglück mehrende Bücher gibt, und keines davon, dass es in der Literatur wie im Leben zuhauf Wesen gibt, die die Literatur ins Verderben gestürzt hat. Gustave Flaubert zum Beispiel lässt keinen Zweifel daran, dass es nicht zuletzt die Bücher waren, die die schäumenden Träume seiner Heldin Emma Bovary nährten.

Das Lesen verdirbt deren junges Gemüt. Wo immer Herrensitze, Schlösser, feurig Liebende oder Ritter in den musikalischen und literarischen Romanzen auftauchen, die Emma in wilder Gier verschlingt, sieht die verblendete Leserin ihren eigenen Weg vorgezeichnet: Die »Realitäten des Lebens« nehmen dort den »fantastischen Zauber der Sentimentalität« an – ein Verhängnis. Die Bücher haben Emma Bovary sehr geschadet, das lässt sich nicht anders sagen.

Selten erinnern die Leseglücksherolde an Aleida Assmann, die darauf verwies, dass selbstvergessenes Lesen zu »Eskapismus« und damit zu »Lebensunglück« führen könne. Und nirgendwo finden sich die spitzen Bemerkungen des Literaturkritikers Ulrich Greiner: »Lesen ist, wie die Fähigkeit, Rad zu fahren oder den Computer zu benutzen, eine Kulturtechnik, man muss sie beherrschen, um in dieser Gesellschaft überleben zu können. Mit Glück hat sie nichts zu tun, eher im Gegenteil: Das dauerhafte, wahrhafte Glück besteht wahrscheinlich in der vollendeten Dummheit.«

Man sieht es: So einfach ist das mit dem Glück und dem Lesen nicht. Die Einprägsamkeit des so herrlich klar klingenden Satzes »Lesen macht glücklich!« darf darüber nicht hinwegtäuschen. An den alten Slogan »Fleisch ist ein Stück Lebenskraft« glaubt man auch nicht mehr uneingeschränkt. Niemand wird vermehrt zu Büchern greifen, weil er sich davon ein längeres Leben oder ein höheres Einkommen erwartet. Es ist kein gutes Zeichen, wenn die Lektüre eines feinen, Augen öffnenden Romans mit Heilserwartungen verknüpft wird.

»Lesen macht glücklich!« – wie schön wäre es, diesen Satz in den nächsten fünf Jahren nicht mehr zu hören. Vielleicht ist seine inflationäre Verwendung ja sogar das alarmierendste Krisenindiz. Aus der Defensive, in der sich die Buchbranche befindet, gelangt man nicht, indem man sich selbst permanent Mut zuspricht und sich von sich selbst überzeugt zeigt.

Wenn diese »Liebeserklärung« schon nicht mit uneingeschränktem, wohlfeilem Glück schließen kann und mag, dann wenigstens damit, dass es sich lohnt, die schillernde Vielfalt der Buchhandlungen zu fördern, zu schützen und auszuzeichnen. Denn diese machen ungebrochen Lust auf das Buch und auf das Lesen. Wo Millionen von Daten und Texten inzwischen auf kleinstem Raum gespeichert werden können, lässt sich in fast jeder Buchhandlung erleben, was den eigentümlichen Zauber von Büchern ausmacht. Kaum einer hat das in den letzten Jahren so eindringlich beschrieben wie der in Argentinien geborene Kanadier Alberto Manguel, dessen *Eine Geschichte des Lesens* nicht nur eine prächtige Fundgrube an Zitaten und Anekdoten darstellt, sondern nicht zuletzt eine Ermunterung ist, Bücher zu kaufen, zu lesen und zu sammeln.

Alberto Manguel weiß genau, dass unsere Deutung von Inhalten davon abhängt, in welcher Form diese uns entgegentreten. Es ist ein elementarer Unterschied, ob wir uns über eine Erstausgabe von – sagen wir – Alfred Döblin beugen, einen Nachdruck als Taschenbuch in Händen halten oder *Berlin Alexanderplatz* als E-Book lesen. Die »physische Inkarnation des Textes« bleibt, wie es in Manguels *Verborgener Bibliothek* heißt, unverzichtbar. »Die Erfindung des Buchdrucks hat zu der Illusion geführt, dass alle

Leser des Don Quijote dasselbe Buch lesen. Mir ist noch heute so, als wäre der Buchdruck nie erfunden worden und jedes Exemplar eines Buches einzigartig, als wäre es mit der Hand gemacht.«

Alberto Manguel ist sich natürlich darüber im Klaren, dass viele Leser auf diese vermeintlichen Äußerlichkeiten keinen Wert mehr legen und glauben, dass diese Äußerlichkeiten nichts mit den Inhalten zu tun haben. Sie daran zu erinnern, dass Bücher, diese »Erinnerungsspeicher«, in ihrer sinnlichen Präsenz selbst Inhalte erzählen und Inhalte verändern, das gehört zu den großen Verdiensten Alberto Manguels. Seinen Satz »Ich beurteile ein Buch nach seinem Äußeren« sollte man sich übrigens merken.

Wo die Bücher so zu Begleitern werden, versteht es sich von selbst, dass man sich nicht leichterdings von ihnen trennen kann. Der Sammler und Leser will seine Schäfchen um sich haben, er weiß um ihre Stammplätze, und er nimmt in Kauf, dass die Wohnungs- und Haussuche für den Besitzer einer solchen Bibliothek fast ein unlösbares Unterfangen ist.

In *Die Bibliothek bei Nacht* erzählt Manguel von dem, was er seiner Familie damit zugemutet hat: »Später, in meinem Haus in Toronto, stellte ich praktisch überall Bücherregale auf – in den Schlafzimmern und in der Küche, auf den Fluren und im Badezimmer. Sogar der überdachte Windfang vor der Haustür war mit Regalen bestückt, sodass meine Kinder sich schließlich beklagten, sie bräuchten demnächst einen Bibliotheksausweis, wenn sie ihr eigenes Zimmer betreten wollten. Aber selbst wenn ich meinen

Büchern noch so viel Raum zugestand, gaben sie sich niemals zufrieden.«

Diesem Expansionsdrang der Bücher dadurch entgegenzuwirken, dass die Bestände ausgedünnt würden, kommt nicht infrage. Ein Buch aus den Regalen zu entfernen, womöglich im Altpapiercontainer zu entsorgen, das käme nicht nur einem Frevel gleich, das wäre Selbstverstümmelung. Die Lektüre Manguels ist somit eine Stärkung für alle, denen es ähnlich geht, die sich nicht von Büchern trennen können. Also auch eine Stärkung für mich persönlich. Denn nun denke ich nicht mehr daran, vermeintlich Überflüssiges aus meiner Bibliothek zu entfernen, und folglich genießen für alle Zeiten Absonderlichkeiten Bleiberecht, wie Franz Wöllzenmüllers Buch *Richtig Skilanglaufen*, obwohl ich diese Freizeitaktivität seit über dreißig Jahren nicht mehr ausübe und keine Comebackpläne hege. Oder wie das *Fahrrad-Reparaturbuch*, dessen Herkunft mir ganz schleierhaft ist und das ein Zutrauen in mich setzt, das ich schon beim einfachen Schlauchwechsel enttäuschen müsste. Andererseits erschien dieses fraglos nützliche Werk in der Bielefelder Verlagsanstalt, und da ich keine weiteren Bücher aus diesem Hause besitze, wäre eine Entfernung aus meinen Beständen allein deswegen ein Unding.

Alberto Manguel und ich wissen Bescheid: Würde man eines dieser unscheinbaren Werke aus dem Haus geben, käme es bereits wenige Tage später dazu, dass man genau dieses aussortierte Werk plötzlich dringend benötigt. Wer weiß, vielleicht muss ich mich demnächst mit der Geschichte der Skilanglauftechniken oder mit der Geschichte der Fahrradreparaturtechniken beschäftigen, und da wäre es ein Jammer, wenn ich gerade diese Titel nicht mehr in Griffnähe hätte. Mich in dieser Haltung bestärkt zu haben, das verdanke ich, wie vieles andere, Alberto Manguel.

Eine Ausnahme, das sei der Ordnung halber vermerkt, hat er übrigens gemacht in seinem Leben: Bret Easton Ellis' *American Psycho* war ihm so unangenehm, dass es keine Aufenthaltsgenehmigung bekam. Es wurde der Bibliothek verwiesen, aus der Furcht heraus, die anderen Werke zu infizieren.

8

DIE BUCHHANDLUNG – EIN »GEISTIGER RAUM«?

Seien wir ehrlich: Manchmal wird zu viel Tamtam ums Buch gemacht, manchmal spürt man, dass diejenigen, die nicht aufhören können, das gedruckte Buch zu feiern, und bei dessen Verschwinden das Ende der Welt heraufkommen sehen, wie Ängstliche wirken, die beim Gang in den Keller lauthals zu pfeifen oder zu singen beginnen. Bücher sind Kulturgüter gewiss, weshalb sie steuerlich begünstigt sind und löblicherweise nur zum gebundenen Ladenpreis verkauft werden dürfen. Stillschweigend nehmen wir dabei in Kauf und reden nicht drüber, dass der Begriff »Kulturgut« sehr weit gefasst ist und natürlich längst nicht alles, was Woche für Woche die Druckereien verlässt, irgendeinen kulturellen Anspruch aufweist. »Das Buch ist als Kulturgut eine besondere Ware (›books are different‹), die nicht unbeschränkt den Marktgesetzen ausgesetzt werden kann, ohne dass die produzierenden und vertreibenden Handelsstufen und die Gesellschaft Schaden nehmen« – diese Formulierung des österreichischen Autors und Autorenvertreters Gerhard Ruiss ist stiller Konsens unter denjenigen, die mit Büchern zu tun haben – und führt gelegentlichen zu Stilisierungen und Selbstbeweihräucherungen.

Gleiches gilt für die Orte, wo diese »besondere Ware« angeboten wird. Denn Buchhandlungen sind nicht automatisch Weihestätten, die sich von Eisenwarenfachgeschäften oder Drogerien per se kulturell absetzen. Oder auf gut Schwäbisch: »S'gibd sodde ond sodde, abbr meh sodde wia sodde.« Was allen nicht im Willy-Reichert- und Matthias-Richling-Ländle Aufgewachsenen sagen will, dass es die Spreu vom Weizen zu trennen gilt und es Buchhändler gibt, die mit Kultur so viel am Hut haben wie eine Kuh mit Purzelbäumen.

Reden wir deshalb von jenen Buchhändlerinnen und Buchhändlern, die – so wichtig Umsatz für sie sein mag – mehr wollen, als zufrieden auf den Kontostand zu blicken. Die gute Literatur unter die Leute bringen, politisch und gesellschaftskritisch wirken möchten und weder Effizienzsteigerung noch Selbstoptimierung für das Nonplusultra halten. Die stattdessen dezent erzieherisch auf ihre Kundschaft Einfluss nehmen, für das – was immer das ist – »gute Buch« werben wollen, Thilo Sarrazins Elaborate nicht einmal unter dem Ladentisch verkaufen und daran festhalten, dass ohne die bewusstseinserweiternde Kraft der Literatur unser Leben viel ärmer wäre.

Orte, wo so gedacht wird, haben eine andere Funktion als Eisenwarenfachgeschäfte oder Drogerien (die wir natürlich in keiner Weise unterschätzen wollen). Sie leben nicht nur von ihrem erlesenen Sortiment, sondern bieten gleichzeitig ein Forum für intellektuellen Austausch. Altbundeskanzler Helmut Schmidt, dem zu widersprechen nicht nur in Hamburg fast undenkbar ist, nannte Buchhandlungen

»geistige Tankstellen der Nation« und verwendete einen alltagstauglichen Begriff, der nichts Überhöhendes an sich hat. »Tankstellen«, das sind notwendige Aufladestationen, ohne die kein Fortkommen möglich ist, ohne die der Geist zu wenige Anregungen bekäme.

Lassen Sie mich eine besonders exquisite Tankstelle dieser Art vorstellen, eine Hamburger Adresse, die Helmut Schmidt kannte. Gehen wir in Hamburgs City an den Neuen Wall, eine jener strahlenden Straßen, wo jene, die nicht zu den gehobenen Ständen zählen, ihr Portemonnaie fester umschließen und allenfalls Window-Shopping pflegen. Vom Jungfernstieg an der Binnenalster, einer der beliebten Anlaufstellen für Touristen, hat er eine Länge von knapp sechshundert Metern und gibt sich alle Mühe, sein Renommee als eine der führenden Einkaufsstraßen Europas zu untermauern.

Dass sich der teure Chic heute so in den Vordergrund drängt, täuscht nicht darüber hinweg, wer seit vielen Jahren historisch gesehen der heimliche Souverän am Neuen Wall ist: der Buch- und Kunsthandel Felix Jud. Am Neuen Wall, Hausnummer 13, nur wenige Schritte von der Alster entfernt, wirkt er wie eine Ausnahmeerscheinung, seinen angestammten Platz mit Selbstbewusstsein und Eigensinn verteidigend. Wie viele Investoren mögen schon leidenden

Auges an dieser Hamburger Institution vorbeigeeilt sein, schmerzhaft hochrechnend, welcher famose Umsatz sich hier machen ließe, wenn nur endlich dieser merkwürdige Buchladen weichen würde?

Alles spricht dafür, dass die Sehnsüchte der Investoren unerfüllt bleiben. Der Buch- und Kunsthandel Felix Jud behauptet sich an seinem solitären Standort und hält die Balance zwischen Understatement und offensivem Auftritt. Seit 1948 residiert die Buchhandlung, von einer kurzen Unterbrechung abgesehen, am Neuen Wall. Achtlos wird an ihrer Fassade kaum einer vorbeieilen. Hohe Schaufenster mit ihren abwechslungsreich konzipierten Auslagen, die gelegentlich eher an Theaterinszenierungen denn an bloße Dekorationen erinnern, prägen den ersten Eindruck. Ein Mahagonitisch mit einer Taschenbuchauswahl und ein dezenter Kirschholzkasten mit preiswerten Büchern – ein kleines Zugeständnis an unentschlossene Passanten, die man ins Innere des Ladens locken möchte – säumen den Eingang und stimmen zugleich darauf ein, was einen im Inneren erwartet. Kaum hat man die Schwelle übertreten, erschließt sich die exquisite Atmosphäre, das »vornehme Gesicht« des Ortes, wie es der einstige Rowohlt-Verleger und Publizist Matthias Wegner nannte. Kirschholz dominiert das Blickfeld, und doch strahlt die Buch- und Kunsthandlung eine Luftigkeit aus, die nichts von der staubigen Dumpfheit mancher mit Patinastaub überzogenen Antiquariate oder zu laut auf ihre Tradition pochenden Buchhandlungen an sich hat. Stilvoll geht es hier zu, keine Frage, und gleichzeitig scheint man alles daranzusetzen, jede elitäre Anmutung zu vermeiden und viele Situationen mit Humor zu meistern.

Die Anfänge der Buchhandlung reichen in das Jahr 1923 zurück. »Welcher außerordentliche Mut muss damals dazu gehört haben, eine Buchhandlung aufzubauen. Der Appetit des Volkes auf geistige Nahrung in Zeiten der Not ist doch wohl nicht sehr hoch zu veranschlagen« – mit dieser Betrachtung bedankte sich der Schriftsteller Walter Kempowski für die Einladung zum fünfzigjährigen Jubiläum der Buchhandlung im November 1973. Kempowski staunte mit gutem Grund darüber, was ein halbes Jahrhundert zuvor in Hamburg geschehen war, als der junge, 1899 in Niederschlesien geborene Buchhändler Felix Jud fünf Jahre nach Ende des Ersten Weltkriegs das Risiko einging, zusammen mit seiner Geschäftspartnerin Erna Kracht die Hamburger Bücherstube, bald nur HaBü genannt, zu eröffnen. In der Einladung zur Einweihung taten die beiden Geschäftspartner ihre Absichten kund und versprachen dem »literarisch gebildeten Hamburger Publikum«, eine »Pflegestätte für das gute und schöne Buch« einzurichten – »gediegene und durchaus individuelle Beratung« garantiert.

Die Leitprinzipien seiner Buchhandlung waren damit benannt. Man mag sie aus heutiger Sicht ein wenig altbacken und unzeitgemäß finden, doch mit dem Hinweis, eine »Pflegestätte« sein zu wollen, ist der Anspruch des Hauses klar formuliert – und daran hat sich bis heute kaum etwas geändert, so sehr Verkaufsstrategien und Marketing auch bei Felix Jud den wechselnden Erfordernissen angepasst wurden.

Felix Jud war – das bestätigen alle, die ihn kennenlernen durften – ein origineller, geschickter Verkäufer seiner Ambitionen, der darauf bedacht war, Kunden (und nicht zuletzt Kundinnen) in sein Geschäft zu locken, um sie in über den Tellerrand des Alltags hinausblickende Gespräche zu verwickeln und sie so an seine Buchhandlung dauerhaft zu binden. Und überdies war er ein mutiger Mann, der in der NS-Zeit nicht nur stillschweigend opponierte, aufgrund dieses Engagements Ende 1943 verhaftet wurde und, knapp dem Tod entgehend, im Konzentrationslager Neuengamme einsaß.

Felix Jud, der 1985 starb, hatte das Glück, kongeniale Nachfolger für seine ungewöhnliche Buchhandlung zu finden. Anfangs kritisch beäugt, trat 1962 der junge, im Sudetenland geborene Wilfried Weber als erster Sortimenter ein, nachdem er erste buchhändlerische Meriten in Neuss erworben hatte. Ihm gelang es, nach und nach den Kunsthandel zu stärken und somit ein solides zweites Standbein zu schaffen. Und Wilfried Weber folgte dem Firmengründer Felix Jud auch dahingehend, dass er ebenfalls zu einer »Marke«, zu einer Institution des kulturellen Lebens in Hamburg wurde.

Weber, der 1972 Juds Teilhaber wurde, genoss es bei aller hanseatischen Zurückgenommenheit, zum Vertrauten von Künstlern und Persönlichkeiten aus Theater, Politik und Literatur zu werden. Unverwechselbar gekleidet – gerne mit eleganten Einstecktüchern, Cordhosen in kräftigen Farben und vom britischen Künstler David Hockney inspirierten roten Stocken – wusste er, dass sich seine Kunden geschmeichelt fühlten, wenn er persönlich das Wort an sie richtete. Sein Interessensspektrum war groß: Er interessierte sich für die römische Antike und die Renaissance, schätzte Harry Graf Kesslers Tagebücher als eine seiner lebenswichtigen Lektüren. Er korrespondierte mit Berühmtheiten, war Hochzeitsgast, als Siegfried Unseld und Ulla Berkéwicz heirateten, hielt engen (Fax-)Kontakt mit dem solventen Büchernarren Karl Lagerfeld, nannte, nach seinen Musikwünschen befragt, bei einem Gespräch im Deutschlandfunk Joe Cocker und David Bowie und dachte sich einen Abend aus, an dem Iris Berben zusammen mit Boxweltmeister Vitali Klitschko Michail Bulgakows *Der Meister und Margarita* vorstellte.

Als Weber im Sommer 2016 überraschend beim Wanderurlaub im Allgäu starb, war – so stark er die Buchhandlung nach außen repräsentierte – für deren Fortbestehen gesorgt. Denn schon früh hatte man die Weichen für die Zukunft gestellt. Marina Krauth war 1976 als Lehrling in die Bücherstube eingetreten. Danach volontierte sie im Prestel Verlag und schloss ein germanistisches Studium in München ab. Mitte der 1980er-Jahre kehrte sie nach Hamburg und an ihre Ausbildungsstätte zurück, und kurz darauf wurde ihr 1987 bei Felix Jud ein Arbeitsplatz mit dem Schwerpunkt in der Kunstabteilung angeboten. Bereits sechs Jahre später wurde Marina Krauth Teilhaberin. Zusammen mit dem rund fünfundzwanzig Jahre älteren Wilfried Weber bildete sie lange ein sich perfekt ergänzendes Duo. Seit dem Tod ihres Ziehvaters ist sie alleinige Geschäftsführerin, unterstützt von einem Team versierter Mitarbeiter.

Am Beispiel von Felix Jud lässt sich gut erkennen, wie es Buchhandlungen gelingen kann, nicht nur ein neugierig machendes Ambiente zu schaffen, sondern auch für einen Nimbus zu sorgen, der intellektuellen Mehrwert verheißt. Während in den großen Buchkaufhäusern und im Internet Anonymität herrscht und Beratung im eigentlichen Sinne kaum stattfindet, suggeriert Felix Jud, dass man als Kunde Teil eines literarischen Kosmos wird. Wer hier nach Lesestoff sucht, will persönlich angesprochen werden, mit anderen ins Gespräch kommen und auf ein individuell ausgewähltes Sortiment treffen.

Trotz dieser klaren, nicht am Mainstream orientierten Haltung geht es nicht darum, die Kundschaft zu missionieren oder Dünkel an den Tag zu legen, wenn nach Unterhaltungs- oder Kriminalromanen verlangt wird. Der persönliche Einsatz und der Wille, die Leidenschaft für Bücher spürbar werden zu lassen, führen dazu, dass Felix Jud immer wieder hauseigene Bestseller generiert. Montaignes *Essais* in der Neuübersetzung von Hans Stilett, Guy de Maupassants im Mare Verlag erschienenes *Auf See* oder Ulrich Tukurs Novelle *Die Spieluhr*, die sich in keiner Buchhandlung so gut wie bei Felix Jud verkauft hat, zählen dazu.

Bei allen Anstrengungen, diesen Ort unverwechselbar zu machen, heißt es, aus dem Kauf eines Buches oder einer Lithographie ein beglückendes, bereicherndes Erlebnis zu machen. Was sich auf diese Weise auftut, ist ein »geistiger Raum« – eine Etikettierung, die auf den ersten Blick unzeitgemäß klingt und die doch bis heute die Besonderheit dieses Ortes am Neuen Wall gut charakterisiert. Wilfried Weber dachte immer wieder über die Aktualität dieses Begriffes nach. Entwickelt wurde er in den 1960er-Jahren, als Weber Oscar Fritz Schuh kennenlernte. Dieser trat 1963 die Nachfolge von Gustav Gründgens als Intendant des Deutschen Schauspielhauses an und zählte schon in den 1930er-Jahren, als er Dramaturg an der Hamburger Staatsoper war, zu den Stammkunden der Buchhandlung. Im Bremer Schünemann Verlag veröffentlichte Schuh zusammen mit Franz Willnauer 1963 die Schrift *Bühne als geistiger Raum*. In den Gesprächen mit Wilfried Weber entstand die Überzeugung, auch eine – gut geführte – Buchhandlung als geistigen Raum zu betrachten.

Natürlich muss man mit diesem Begriff vorsichtig umgehen. Eine florierende Vorstadtbuchhandlung, die ein ganz anderes, viel gemischteres Publikum als in der Hamburger Innenstadt versorgen möchte, wird gut daran tun, sich nicht explizit als »geistigen Raum« zu präsentieren. Damit wären wenig Blumentöpfe zu gewinnen. Doch was man dort in mühsamer Kleinarbeit auf die Beine stellt, zielt auf etwas ab, das von Wilfried Webers Vorstellung nicht so weit entfernt ist, wie es klingt. Ein »geistiger Raum«, das kann einen Ort beschreiben, wo Menschen zusammenkommen, sich über dies und jenes unterhalten, wo man im Gespräch aktuelle gesellschaftliche Probleme erörtert und wo eine informierte Buchhändlerin, ein belesener Buchhändler Hinweise auf Titel gibt, die mehr als Internethäppchen, Zeitungskommentare oder schlicht konstruierte Bestseller zu bieten haben. Ein »geistiger Raum« findet sich in solchen Foren, die bereichern, und dergleichen lässt sich nicht nur an Hamburgs Neuem Wall, sondern auch in Duisburg, Gernsbach oder Miesbach auf die Beine stellen.

An Aktualität hat dieses Konzept nicht verloren. Wo das digitale Zeitalter Informationen im Überfluss bereitstellt, tut es not, einen Ort zu schaffen, in dem sich Meinungen und Überzeugungen in Ruhe bilden können. »Geist« gibt es selten genug.

Doch Vorsicht: Mit Geist allein lässt sich keine erfolgreiche Buchhandlung führen. Es braucht ökonomisches Denken, und es braucht – das klang schon an – eine zeitgemäße Präsentation der »geistigen« Güter. Auch da kann man sich bei Felix Jud in Hamburg etwas abschauen. Denn das Entree zum »geistigen Raum« sind die Schaufenster, für deren Gestaltung der seit 1979 bei Felix Jud arbeitende Klaus Lameier verantwortlich ist. Im Lauf der Zeit ist es ihm gelungen, eine ganz spezifische Handschrift zu entwickeln, die für das, was in den Fenstern präsentiert wird, hohe ästhetische Maßstäbe setzt. Einmal pro Woche wird eines der Fenster neu gestaltet. Diese fungieren als Spiegel der Buchhandlung und orientieren sich an deren inhaltlichen Schwerpunkten. Dem Einfallsreichtum sind dabei kaum Grenzen gesetzt. Mal reagiert man auf Ereignisse, die das politische Geschehen der Stadt bestimmen, mal auf nationale Themen, die die Menschen beschäftigen – wie beispielsweise im Mai 1985, als Bundespräsident Richard von Weizsäcker seine vielbeachtete Rede zum Kriegsende 1945 hielt und die Buchhandlung darauf mit einem Themenfenster reagierte.

Zum Erscheinen von Walter Kempowskis Roman *Tadellöser & Wolff* 1971 wurde eine außergewöhnliche Schaufensterausstellung mit Objekten kuratiert, deren Beschaffung Wilfried Weber übernahm. Gezeigt werden konnten so die Zettelkästen und Konstruktionstafeln, die Kempowskis Arbeitsweise und Entwicklung des Romans veranschaulichten. 2002 wurde der 100. Geburtstag des Juristen und Widerstandskämpfers Hans von Dohnanyi, der 1945 im KZ Sachsenhausen ermordet wurde, mit einer Schaufensterausstellung gewürdigt. Die Söhne Klaus und Christoph von Dohnanyi lieferten dafür Fotografien aus dem Familienbesitz und die Presse berichtete über das Wiedersehen der Dohnanyis. Dass dazu ein umfassendes Angebot an Literatur zum zivilen Widerstand zu sehen war, gehörte natürlich zur Verpflichtung des Hauses.

Die Schaufenster dienen so nicht nur als Blickfang, um Kunden neugierig zu machen und in die Buchhandlung zu locken, sondern sie sind Statement zu aktuellen Anlässen und Diskussionen, ganz in der Tradition von Felix Jud, der – unvergessen in der Stadt – im April 1935 zu »Führers Geburtstag« ein schief hängendes Illustriertenbildnis Hitlers ins Schaufenster platzierte und es mit Exemplaren von Richard Katz' Reisebericht *Heitere Tage mit braunen Menschen* garnierte.

Saisonale Themen werden ebenfalls aufgegriffen und sogleich ironisch kommentiert. Das nahende Osterfest 2015 wiederum wurde mit einem originellen Fenster begrüßt, das »frisch gerahmte Hühner von der Stange«, genauer: Original-Chromolithographien nach Original-Zeichnung von Christian Förster, zeigte, angereichert durch in Weißgold, Silber oder Kupfer oxydierte Straußen-, Gänse- und Truthahneier ausstellte. Die ungebrochene Lust an gewitzten Einfällen, die sich auf den Passanten sofort überträgt, bringt es sogar mit sich, dass gegen die sich selbst auferlegte Vorgabe, keine Naturalien im Fenster zu präsentieren, verstoßen wird. Doch was wäre ein Schaufenster, das die Naturkunde-Reihe des Verlags Matthes & Seitz und Korbinian Aigners Prachtband *Äpfel und Birnen* zeigt, das nicht mit ausgewählten Apfel- und Birnensorten dekoriert worden wäre? »Das ist ohne Übertreibung die schönste Fensterdekoration, die ich bislang gesehen habe«, kommentierte der Verleger Andreas Rötzer damals das Ergebnis. Oder »Großes Kino«, wie das *Hamburger Abendblatt* die Felix-Jud-Schaufensterideen nannte.

Wilfried Weber erinnerte sich gern daran, wie er von Felix Jud in den 1960er-Jahren den Auftrag erhielt, für das TV-Idol Bernhard Grzimek ein Schaufenster zu gestalten, um dessen mehrbändige Zoologie zu bewerben. Weber nahm mit einem Schlangenbesitzer Kontakt auf, der – in einer eigens angefertigten Holzvoliere – zwei seiner Tiere im Schaufenster platzierte. Eine Attraktion mehr am Neuen Wall und ein sich in prächtigen Umsätzen niederschlagender Aufwand. Die Fütterung der Schlangen mit lebenden Mäusen fand morgens vor Ladenöffnung statt. Ob das heute noch denkbar wäre und ob sich Tierschützer deswegen empören würden, steht auf einem anderen Blatt.

Irritationen sorgen für Aufmerksamkeit, damals wie heute. Dachte man sich vor kurzem wohl auch in Regensburg, als die vielfach ausgezeichnete Buchhandlung Dombrowsky kurzerhand die Schaufensterdekoration mit dem benachbarten Bekleidungsgeschäft MILK tauschte. Schuhe und Röcke, wo sonst der neue Köhlmeier oder die neue Hoppe zu sehen sind – ein Blickfang. Und schaden kann es im Gegenzug nicht, wenn Schuhe- und Röcke-Käuferinnen unverhofft auf Bücher stoßen. Ginge übrigens auch in Hamburg, denn neben der Buchhandlung Felix Jud befindet sich seit eh und je das hoch soignierte Bekleidungsgeschäft Ladage & Oelke …

Trotz aller Gediegen- und Erlesenheit werden sich Bekleidungsgeschäfte, egal, ob sie in Regensburg oder Hamburg beheimatet sind, selten als »geistige Räume« begreifen. Für viele Buchhandlungen trifft dieses Etikett indes zu, selbst wenn man es altmodisch ansehen mag. Gut geführte, leidenschaftlich betriebene, intelligent und einladend ausgestattete Buchhandlungen signalisieren, dass die Welt nicht nur aus Konsum und Kommerz besteht, dass wir mit den Realitäten des Lebens nur sinnvoll umgehen können, wenn wir das Mögliche des Lebens genauso ernst nehmen, Fantasie und Geist zu ihrem Recht kommen lassen. Diesen Reichtum erschließen Buchhandlungen, denn sie erschließen, was die Magie der Literatur ausmacht. Um noch einmal auf Alberto Manguel zurückzukommen: In flammender Rede beharrt er darauf, dass es nicht die Bücher sind, die die Wirklichkeit wiedergeben, sondern dass die Bücher Wirklichkeit erschaffen. Leserinnen und Leser kennen das: Wir sehen Menschen und Dinge und glauben sie zu kennen – nicht weil sie uns im täglichen Leben schon einmal begegnet sind, sondern weil wir auf sie in der Literatur gestoßen sind. Ein Déjà-vu, das zeigt, wie unsinnig es ist, die Bücher und das Leben schroff voneinander zu trennen. Wir machen Erfahrungen des Lesens, und das sind damit Erfahrungen des Lebens. Wir lesen vom Schicksal anderer, als wäre es unser eigenes.

Wenn wir Buchhandlungen betreten, kommen wir diesen Schicksalen ganz nah.

LITERATURHINWEISE

Martina Bollinger/Rainer Weiss (Hrsg.): Zwischen den Büchern. Wie mich die Liebe in der Buchhandlung traf. Frankfurt/Main: Weissbooks, 2018.

Carl J. Burckhardt: Ein Vormittag beim Buchhändler [1943]. München: Callwey, 1971.

Petra Hartlieb: Meine wundervolle Buchhandlung. Köln: DuMont, 2014.

Holger Heimann (Hrsg.): Die beste Buchhandlung der Welt. Wo Schriftsteller ihre Bücher kaufen. Berlin: Berlin University Press, 2012.

Dirk Kruse (Hrsg.): Meine wunderbare Buchhandlung. Cadolzburg: ars vivendi, 2010.

Meine schöne Buchhandlung. Fotografien von Andreas Licht. München: Knesebeck, 2017.

Rainer Moritz/Reto Guntli: Die schönsten Buchhandlungen Europas. Hildesheim: Gerstenberg, 2010.

Rainer Moritz: »Die Fütterung der Schlangen geschah vor Ladenöffnung«. Geschichten von Felix Jud – Buchhandlung, Antiquariat, Kunsthandel. Hamburg: Felix Jud, 2018.

Gérard Otremba: Die geheimen Aufzeichnungen des Buchhändlers. Frankfurt/Main: Dielmann, 1998.

Gérard Otremba: Ein weiterer Tag im Leben des Buchhändlers. Frankfurt/Main: Dielmann, 2000.

Klaus Siblewski/Hanns-Josef Ortheil (Hrsg.): Die ideale Lesung. Mainz: Dieterich, 2017.

Torsten Woywood: In 60 Buchhandlungen durch Europa. Meine Reise zu den schönsten Buchhandlungen unseres Kontinents. Hamburg: Edel, 2016.

ISBN 978-3-99056-049-5

Covergestaltung: Guter Punkt, München,
unter Verwendung eines Bildes von Kniel Synnatzschke
Satz: Christine Paxmann text • konzept • grafik, München
Druck und Bindung: CPI books

www.thiele-verlag.com